예수님은
법 받은
미륵존여래불

예수님은 법 받은 미륵존여래불

김원수

지음

바른법연구원

일러두기

소사 수도 시절 백 박사님께 직접 들은 이야기로 이루어져 있기에
다른 책들과 겹치는 부분도 그대로 유지하여 실었다. 같은 일화여
도 관점에 따라 다르게 읽히는 연유이기도 하다.

스승이신 백 박사님은 불세출의 도인으로 알려진 고故 백성욱 박사
님(1897~1981)이시다.

백 박사님과 관련된 부분은 가능한 그 맛을 살리기 위하여 구어체
를 선호하였다. 일례로 백 박사님께서는 '그대'라는 호칭을 자주 쓰
셨다고 한다.

개정판을 내면서

대학교 1학년에 불교를 만나자마자 금강경 공부에 깊이 빠져들었다. 금강경 공부에는 두 갈래의 목표가 있다고 생각하였다. 하나는 재앙소멸과 소원성취의 길, 다른 하나는 마음 닦아 밝아지는 길이다. 당시 금강경으로 마음 닦아 밝아지는 길을 구체적으로 제시해주는 스승을 만나지 못했기에, 어쩔 수 없이 재앙소멸이나 소원성취만을 목표로 금강경을 공부하게 되었다. 이때 내 눈에는 건강과 병약, 빈곤과 풍요, 번뇌와 보리가 분명 다르게 보였다. 아니, 다를 수밖에 없다고 확신하였다.

어떻게 건강과 병약, 빈곤과 풍요가 동일할 수 있겠는가? 내 아상이 매우 깊고 깊은 데 그 원인이 있음을 당시에는 까마득하게 몰랐다

그러나 밝은 스승을 만나고 금강경 공부를 계속하여서 차츰 아상이 소멸되어가니, 빈곤은 풍요의 근본이요 병약은 건강의

근본이며 번뇌가 곧 보리라는 불이不二의 진리가 실감 나게 다가왔다. 불이의 진리로 난해한 성경의 구절을 더 가슴 깊이 이해할 수 있었고, 부처님과 예수님의 가르침이 다르지 않다는 생각까지도 하게 되었다.

그런데도 "예수님은 법 받은 미륵존여래불이었다" 하는 스승의 말씀만은 믿어지지 않았다. 부처님과 예수님의 가르침이 다르지 않은 것은 이해할 만하지만, "예수님의 전생이 미륵"이라는 말씀은 내 지혜로 도저히 수긍할 수 없었던 것이다.

공부의 연륜이 쌓이고 '내 생각이란 것이 다 착각이다(凡所有相 皆是虛妄)'라는 금강경의 진리를 실감함에 따라, 예수님은 법 받은 미륵존여래불이라는 말씀이 이제 구구절절 마음에 와닿고 깊이 공감할 수 있게 되었다. 나는 스승의 위대성에 감탄하고 감사하였다.

이런 깨달음은 마치 별천지를 발견한 듯한 기쁨과 큰 감동이었다. 드디어 2005년 『크리스천과 함께 읽는 금강경』을 집필하였다. 이 책은 불교 신자들의 상식을 거스른 혁명적 시도라고 생각하였는데, 의외로 불자들로부터 호평을 받았다. 나는 더욱 용기 내어 『예수님은 법 받은 미륵존여래불』을 출간하게 되었다.

예수님은 법 받은 미륵존여래불이라는 말씀은 범부의 궁리에서 나온 판단이 아니며, 큰 깨달음을 얻은 대도인大道人의 오도성悟道聲이다. 탐진치가 가득한 범부들도 부처님 마음이 담긴 불경을 수지 독송하거나 불교 서적을 읽어서 큰 깨달음에 이르게 되는 것은 부처님의 마음이 어두운 중생의 마음으로 흘러들어와 채워지는 연유일 것이다. 도인의 체험이 담긴 이 책을 반복해서 읽으면 밝은 도인의 마음이 중생의 마음에 흘러들어갈 것이다.

2007년 이 책 출간 당시 많은 불자가 폭발적 관심을 보였으나 출판사의 사정으로 절판되었다. 재출간을 무척 반갑게 생각하며, 불자들에게 두루 읽히기를 간절히 바란다.

이 책을 통하여 모든 어두운 중생들의 마음에 깨친 이의 밝은 기운이 흘러들어가, 그와 나彼我, 승과 속僧俗, 번뇌와 보리, 빈곤과 풍요가 다르지 않다는 불이의 진리를 깨치게 될 것이다. 그리되면 모든 분쟁에서 벗어나 개인의 평화와 지혜를 얻음은 물론, 나아가서 이념이나 종교 간의 분쟁도 종식하여 국가 사회의 안정과 세계 평화를 이룩하는데 크게 기여할 수 있을 것이다.

2022년 12월 김원수 합장 배례

아마 전생에 깊은 인연이 있었던지 대학 1학년에 불교를 처음 접하자마자 무섭게 불교에 빠져들었다. 이처럼 불교를 좋아하는 마음이 원인이 되어, 숨은 도인이라고 소문난 훌륭한 선지식의 문중으로 출가 수도할 결심까지 하게 되었다. 나는 좋은 대학을 졸업한 자부심, 부모님과의 애정, 그리고 사회참여의 욕구를 모두 던지고 불법佛法을 위해 출가하였고 수도하여 반드시 큰 깨침을 얻을 것으로 생각했다.

그러나 출가하여 선지식을 모시고 공부하면서 깨달았다. 내가 불교를 좋아하여 출가 수도를 선택한 것이 아니라 감사하게도 선택받은 것이며, 나의 출가가 선지식에 도움이 되는 것이 아니라 나에게 희귀한 영광이라는 것이다.

어째서 선택받은 것이요, 희귀한 영광이었을까?

출가 수도 3~4년 생활 중 선지식께서는 다른 스님들과는 큰 차이가 있음을 깨치게 되었다. 부처님께서 마음 닦아 이 세상

예수님은
법 받은 미륵존여래불

이치를 다 알게 된다고 말씀하신 것처럼, 선지식께서는 마음 닦아 모든 것을 아시는 희유한 분이셨다. 모든 것을 다 아시는 분들의 법식대로 일체 아는 표시를 나타내지 않으셨다.

따라서 그분의 말씀으로만 그분의 속뜻을 헤아리기 어려웠으며, 그분의 행동을 보통 사람의 행동으로 생각하여 즉시 판단하면 다 틀리곤 하였다. 며칠 후, 몇 달 후에야 비로소 왜 그러셨는지, 왜 그런 말씀을 하셨는지 알아지곤 하였다. 처음으로 도인의 전형典型을 보는 것 같았으며 과연 도인이라면 그래야 할 것으로 생각하였다.

마치 공자의 제자 안연의 심정과 똑같았다.

"우러러보면 더욱 높으며, 뚫어보면 더욱 깊으며, 바라보면 앞에 계시더니 홀연 뒤에서 계신다. 선생님께서는 순순히 사람을 가르치되 교양으로 넓히시고 예로 다듬어 주신다. 중도에 퇴타심이 나서 돌아서고자 하나, 끌려 어쩔 수 없이 따라가게 되며 재주를 다하여 따라가도 멀리 높이 서 계시는지라, 비록 뒤를 쫓고자 하여도 따라갈 방도가 없다."

선지식은 스승이면서도 스승의 영역을 넘으신 분으로, 사람의 몸을 빌려서 오신 보살의 화현이 아닌가 하는 느낌을 받았다. 선지식의 가르침으로 말미암아 불법이 얼마나 심오한 것인가를 새롭게 알게 되었고, 정법正法이란 무엇이고 사법邪法이란 무엇인가를 알게 되었다. 또한 불교 수행에는 자력만 있는 줄 알았더니 선지식의 원력에 의한 타력도 있다는 것을 알게 되었다. 선지식을 만나 공부하게 된 것은 선택받은 것이요, 희귀한 영광임을 깨달은 것이다.

선지식의 귀한 가르침을 혼자만 알기 아까워서 『마음을 어디로 향하고 있는가』(김영사, 1990)라는 책으로 발표한 적이 있다. 당시에는 최선을 다하여 썼으며 자신의 의견을 조금도 넣지 않았다고 굳게 믿었다. 그러나 세월이 흐르고 선지식의 말씀을 사람들에게 전달하면서, 책의 내용이 본의 아니게 선지식의 모습을 잘 전달하지 못하였다고 생각하게 되었다. 그것은 모두 내 책임일 것이다.

어차피 문자로는 도인의 뜻을 제대로 반영하지 못한다면, 들은 대로 쓰기보다는 잘못되었다는 소리를 감수하면서라도 깨쳐서 쓰는 것이 선지식께서 원하는 바가 아닐까 생각하게 되었다.

나 자신이 선지식의 가르침을 통하여 어두움에서 벗어났듯이, 이 책을 읽는 모든 사람이 선지식의 실감 나는 가르침을 만나고 어두움에서 벗어나 부처님의 밝은 광명을 만나게 되기를 기원한다.

이 책의 제목을 『예수님은 법 받은 미륵존여래불』로 정한 데에는 두 가지 이유가 있다. 선지식의 정체성을 나타낼 수 있다고 믿은 것이 첫 번째요, 또 선지식 가르침의 근간이 '생활이 곧 불

예수님은
법 받은 미륵존여래불

법, 번뇌가 곧 보리'라는 불이법不二法이라는 것이 두 번째이다.

이 책을 화두 삼아 참구한다면 누구나 생활이 곧 불법이고 번뇌가 곧 보리와 다르지 않으며 결국에는 불교와 기독교가 다르지 않음을 알게 될 것이다. 중생들이 이러한 불이법을 깨치는 것이야말로 아마 부처님께서 꼭 전달해 주시고 싶으셨던 가장 소중한 가르침이 아닐까?

불이법 가르침의 실천이야말로 모든 사람 마음속의 분별심을 근본적으로 해소하여서, 빈부귀천 반목질시로 인한 사회 갈등과 종교 간의 분쟁으로 인한 모든 재앙이 사라질 수 있으며, 개인의 행복은 물론 국가와 국제 사회에도 진정한 행복이 올 것이기 때문이다.

2007년 부처님 오신 날 김원수 합장 배례

차
례

제1부_ 승려로서의 불교 수행

예수님은
법 받은 미륵존여래불

제2부_ 새로운 패러다임의 불교 수행

예수님은
법 받은 미륵존여래불

예수님은
법 받은 미륵존여래불

제1부

승려로서의
불교 수행

금강산으로
출가 수도

◉

현실과 이상 사이에서 심히 갈등하던 대학 1학년에 불교를 만났습니다. 나는 처음부터 마치 물고기가 물을 만난 듯 몹시 불교에 심취하였습니다. 바로 자신의 갈등과 고민에 대한 해답을 부처님의 가르침에서 발견할 수 있었기 때문입니다. 그리고 불교라는 종교는 삶에 필요한 각종 문제점에 대한 해답을 제시하는 아주 현실적인 가르침이라는 깨달음에 도달하였습니다.

그러나 선불교를 중심으로 한 큰 스님의 법문을 들으며, 불교에 대해 새롭게 회의懷疑가 생겼습니다. 조사어록을 중심으로 한 큰 스님들의 법문은 보살이나 군자와 같은 상근기의 사람들에게 알맞은 법문이라, 나와 같은 보통 사람은 전혀 실감이 나지 않았고, 보통 사람들의 현실적 요구와도 전혀 별개로 느껴졌습니다. 예를 들면 한방에 터지는 큰 깨달음이나 중생 제도와 같은 거창한 주제를 목표로 하는 수도는 당장 처자식을 거느리고 먹고살 걱정을 하는 현대인에게 실천하기 힘든 주제일 뿐 아니라, 설사 수도의 마음을 내어도 실천할 수 있는 구체적인 수도법을 발견할 수 없었습니다.

보살만이 하는 큰 깨달음이나 중생 제도,

군자만이 할 수 있는 안빈낙도安貧樂道

보통 사람들이 어떻게 생활 속에서 즐겁게 실천할 수 있을까?

이런 의문은 백 박사님을 만나고 모두 말끔히 해소되었습니다.

백 박사님은 거창한 깨달음을 강조하시지 않았으며, 비현실적인 군자의 길을 가도록 요구하지도 아니하셨습니다. 수기설법으로 꼭 필요한 법문을 거침없이 시원하게 해 주셨습니다.

백 박사님의 말씀을 직접 듣고 이해하면서 백 박사님이야말로 모든 것을 다 아시는 분, 무미건조한 조사님의 법문을 활구活句로 변화시키시는 분, 부처님의 가르침을 참 실감 나게 전달하는 분이라 생각하였습니다. 부처님의 가르침에 대한 새로운 믿음이 샘솟는 듯하였고, 이렇게 나아가면 결국 부처님처럼 밝아진다고 믿게 되었습니다.

예수님은
법 받은 미륵존여래불

특히 당신이 깨치신 전생에서 금생으로 영혼이 이동하는 구체적이고 실감 나는 체험의 말씀은 정말 듣기 어려운 것이었습니다. 티베트에서 발간된 『사자의 서』 책 한 권에만 의지하여 알고 있었던 고정관념에서 벗어나 새로운 영적 세계의 길을 더욱 분명하게 알 수 있었습니다.

부처님의 가르침을 그대로 실천하여 부처님께서 말씀하신 영적 세계를 직접 체험하신 분! 백 박사님은 정말 희유하였습니다. 바로 이 시대, 이 땅에 알맞게 오신 부처님의 화현인가 싶었습니다.

그러면 과연 그러한 부처님은 어떤 분이실까?

부처께서 지금 계신다면 어떻게 수도하셨을까?

그분의 삶은 보통 사람들과 어떻게 달랐을까?

산 부처님을 직접 모시고 4년여의 출가 생활을 하며 틈틈이 들은 이야기를 여기에 적어봅니다.

인연 업보가
적은 삶

내 나이 열 살 때 아버지가 세상을 떠났고 열한 살 때 어머니마저 세상을 떠났다. 나와 어린 누이동생만 남기고 세상을 떠난 어머니의 심경은 어떠했을까? 천애의 고아가 된 나의 환경, 사람들은 큰 역경이라 할 것이다. 그러나 출가하여 수도하고자 하는 사람에게는 매우 축복받은 환경이다. 왜냐하면 출가를 말리는 방해꾼이 사라진 셈이기 때문이다.

어린 나이에 무의무탁한 신세가 되었으나, 전생에 복을 지은 것이 있어 외갓집에서 나를 돌보아주었고 학비를 대주며 공부시켰다. 성인이 되어서 독립운동에 뜻을 두어 상해上海로 간다고 해도 아무도 말리는 사람이 없었다. 그만큼 주고받을 업보가 적었다. 만일 외갓집과 지중한 업보가 있었다면 "학비 대주고 공부시켰는데 독립운동 한다고 멋대로 떠나느냐"라고 따지며 못나가게 하였을 것이다. 단지 그들은 "저렇게 나갈 줄 알았다면 괜히 기 쓰고 공부시켰구먼!" 할 뿐이었다.

독일 유학

나는 어떻게 독일로 유학 가게 되었나?

구한말舊韓末에 태어난 나는 일제에게 나라를 빼앗긴 설움이 있어서 일찍부터 우리나라의 독립을 기원하였다. 나는 기미년 독립운동에 참여한 후 상해로 갔다. 대한민국을 대표하는 내로라하는 독립운동가들이 상해에 다 모여 있었다. 그러나 그들의 식견識見은 매우 천박하여 요사이 초등학생 수준 정도였다. 국제정세도 잘 파악하지 못했고, 구체적 독립운동의 실천 방안도 제시하지 못했으며, 자신들의 얕은 경험만을 되풀이하여 주장할 뿐이었다.

오직 이승만 박사만이 국제정세를 잘 알고 독립운동의 실천방안도 제시하였으며 이야기할 때 자신의 주장을 내세우기보다는 상대를 많이 배려하였다.

당시 이승만 박사는 나에게 "독립하려면 인재가 필요하오, 당신은 독일에 가서 공부하여 큰 인재가 되시오"라고 권유하였다. 이 말이 내가 독일에 유학하게 된 동기가 되었다. 이 박사는 당시 미국에서 이미 학위를 받았는데, 자기 경험을 내세워 미국 유학을 권하는 것이 아니라 상대의 처지를 헤아려 독일 유학을 권한 것은 쉬운 일이 아니다. 그는 '나'라는 생각을 많이 닦은 사람이었다.

예수님은
법 받은 미륵존여래불

금강산 수도

어째서 금강산에 들어가 수도하게 되었나?

독일 유학을 마치고 귀국할 당시, 한국인 최초로 철학박사 학위를 받았다는 자부심이 매우 강했다. 그러나 이미 나라를 빼앗긴 조국에 돌아와서 독립만을 원願하는 내가 할 수 있는 일은 별로 없었다. 도통만 하면 부처님처럼 다 알게 되니까 언제쯤 독립이 되는 줄도 알 수 있겠다는 생각이 들었다.

나는 꼭 도통하겠다는 생각으로, 모든 것을 버리고 금강산에 들어가 수도하기로 마음먹었다. 당시 나는 화엄경이 부처님 가르침의 정수라고 믿었다. 용수보살이 용궁에서 가져온 것으로 전해지는 화엄경은 그의 저작이라고 해도 좋으리라. 금강산 장안사 주지의 배려로 안양암安養庵에서 혼자 화엄경의 가르침대로 수도하며, 대방광불화엄경大方廣佛華嚴經을 염*하였다.

※ 염念, 불경이나 진언, 부처님 명호 등을 조용히 외거나 마음에 품는 일

치심,
저 잘난 생각

탐내는 마음, 성내는 마음, 어리석은 마음이 일으키는 분별심의 뿌리가 곧 '나'라는 생각, 즉 아상我相인데 이 아상을 잘 닦아 소멸하면 부처님과 같이 다 알게 된다는 화엄경 말씀대로 탐내고 성내고 어리석은 마음을 소멸시켜 나를 없애는 수도를 하자.

그런데 탐내고 성낸다는 것은 무엇인지 알 것 같은데, 어리석은 마음이란 그 실체가 분명치 않다.

어리석은 마음이란 무엇인가?

장안사 주지의 배려로 얻은 안양암은 20평가량 되었다. 당시 하루 세끼 식사하는 것이 습관이었는데 20여 평의 좁지 않은 면적을 혼자 청소하고 빨래하고 하루에 세 때 식사까지 하자니 공부할 시간이 거의 없었다. 그래서 식사를 하루에 한 번으로 줄였다. 식사에 빼앗기는 시간이 대폭 줄어들어 공부 시간도 길어지고, 하루 1회 식사로 분별심까지 많이 줄어들어 수도에도 큰

예수님은
법 받은 미륵존여래불

도움이 되었다. 그 후 10년간 일일 일식을 지속하였는데, 몸도 더 건강해짐을 느꼈다.

이러한 사실을 안 장안사 스님들이 "석가여래도 하루에 사시(巳時 아침 9~11시) 한때만 공양하셨다는데 스님도 석가여래를 닮으셨군요"라고 칭찬하는 것이었다. 나는 이 말을 듣고 빙그레 웃었다. '내가 게을러서 하루 한 끼 먹는 줄은 모르고 이 사람들은 내가 부처님 닮으려고 한 끼 먹는 줄로 잘못 아는구나!' 하고.

이때 자신을 칭찬한 것에 들떠 자신이 부처님처럼 되었다고 저 잘난 생각을 한다면 참 어리석은 사람이라 할 것이다.

어리석음(치심)은 곧 저 잘난 생각이요, 큰 독毒이 됨을 알았다.

신해행증信解行證

화엄경에서는 부처님에 대한 믿음을 가장 강조하고 있다. 믿음이 모든 공덕의 어머니라고도 하였다. 그만큼 부처님 말씀에 대한 믿음이 소중한 것이다(信).

두 번째 단계로 부처님의 말씀을 잘 알려고 하여야 할 것이다. 잘 알려고 원을 세울 때 참뜻이 해석될 것이다(解).

다음 단계로 실행에 옮겨야 할 것이다(行). 실행에 옮기면 분별심, 즉 아상이 사라지며 깨달음을 얻게 된다.

그러나 깨달음을 얻었다고 해도 그 깨달음이 올바른 깨달음인지 잘못된 깨달음인지 반드시 선지식께 검토받아야 한다(證).

나는 화엄경을 일심으로 신信 해解 행行하는 수행을 하였으며 깨달은 바를 점검받을 훌륭한 선지식을 만날 수 있었다(證). 선지식은 잘못된 깨달음을 올바른 깨달음으로 바꾸어 주는 사람이다. 선지식 없이는 그 누구도 올바른 깨달음으로 가기 어려우리라.

예수님은
법 받은 미륵존여래불

서울역 시계탑의
시계가 보이다

산속에서 혼자 수도하면 불편한 것이 하나둘이 아니다. 제일 불편한 것은 밤이고 낮이고 현재 시간이 몇 시인지 알 수 없다는 것이었다.

어느 날, 지금이 몇 시쯤 되었을까? 생각하는 그 순간 서울역 시계탑이 보이며 현재 시각을 알게 되었다.

금강산에서 서울역까지 500리, 상당히 먼 거리다. 내 마음속에 '얼마나 먼데' 하는 분별심이 있다면 내 눈앞에 서울역의 시계가 보이지 않았을 것이다. 그러나 대방광불화엄경 염송을 계속하니 금강산에서 서울역까지 거리에 대한 관념이 사라지며 서울역의 시계가 내 눈앞에 나타났다. 그 후 시간이 궁금해지면 저절로 시간을 알 수 있었다.

우리로 하여금 모르게 하는 것이 바로 '분별심'임을 확실히 알게 되었다.

자신에 대한
의문이 사라지다

안양암에서 공부가 재미있게 되니 시간 가는 줄 몰랐다. 낙도망년樂道忘年이라 할까?

어떤 사람이 물었다.

"여기 와서 수도하신 지 몇 년이나 되셨나요?"

"가만히 보니 내가 이 절에 온 이래 앞에 있는 벚꽃이 세 번 피는 것을 본 것 같소."

몇 해라는 분별심이 사라진 것이다.

금강산에 들어온 후 줄기찬 의문이 있었다. '나는 어디에서 왔는가? 어째서 나의 얼굴은 이렇게 생겼나?'

이런 의문을 마음속에 가지고 있는 한, 그 의문에 대한 해답은 얻을 수 없다. 의문이라는 분별심이 부처님처럼 다 아는 능력을 차단하기 때문이다.

삼 년이 되던 어느 날, 이런 의문들이 다 사라지면서 마음이 아주 편안해졌다. 내가 어디서 왔나, 내 얼굴은 어째서 이렇게

예수님은
법 받은 미륵존여래불

생겼나 하는 의문에 대한 해답을 얻은 것이다.

이것을 고인古人들은 숙명통宿命通이라 했나 보다.

숙명통

전생을 알고 보니 삼생三生 전에도 나는 중노릇을 하였다. 스승은 이름 높은 선승이었다. 하루는 스승께서 돌아가시게 되었다고 기별이 와서 급히 갔다. 스승은 벌써 단정히 가부좌하고 임종을 맞을 채비를 하고 계셨다. 그러나 마지막 임종의 순간에는 정신력이 모자랐던지 다리를 뻗고 몸이 기울어지는 것이었다. 그 광경을 보고, 생명의 의복인 육체를 벗어나는 일쯤이야 자신 있다고 자만하던 나는 은근히 속으로 불만스러웠다.

그 후 삼 년이 지나, 바로 나 자신의 임종을 맞게 되었다. 살을 오려내고 뼈마디가 무너지는 듯한 죽음의 고통은, 내가 생각했던 것처럼 쉬운 것이 아니었다. 나는 그만 고통에 못 이겨 벌떡 일어섰으나 더욱 견딜 수가 없어, 한쪽 팔을 높이 뻗쳤다가 두 팔을 함께 올렸다가, 이 다리 저 다리를 번쩍 들었다가 나중에는 주저앉아 최후를 마쳤다. 그런 줄도 모르고, 임종을 지키던 제자들은 스승이 춤을 추다가 돌아가셨다고 했다.

예수님은
법 받은 미륵존여래불

한편 나의 영가는 허우적거리는 혼미한 정신 때문에 그만 음기에 꽉 둘러싸여서, 나갈 틈을 찾을 수 없었다. 때마침 한 중이 나가는 틈을 따라 나왔다. 그리고 그 중이 은밀히 사귀던 고개 넘어 사는 여인에게 사내 아기로 태어났다.

　　내가 일곱 달이 되었을 때, 여인은 밭일하러 산에 올라가면서 나를 산 중턱의 아늑한 자리에 재워 놓았는데, 한낮이 되자 볕이 몹시 뜨거워졌다. 나는 일사병으로 죽었고, 곧 다시 태어난 몸이 지금의 나이다. 그 따가운 햇볕이 견디기 힘들어서 성내는 마음을 가지고 몸을 바꾸게 되었기에, 나는 어려서 손에 닿는 것마다 부수는 습관이 있었다.

가장 두려운 것은
업보

깊은 산속에는 두려운 것이 적지 않다. 그 당시 금강산에 호랑이가 종종 출현하였는데, 사람이 살지 않는 빈 암자는 대개 호랑이가 자주 다니는 길목에 있었다. 또 산속에서 공부하는 수행자들은 수도 중 만나는 귀신의 존재를 두려워하기도 하였다.

그러나 가장 두려운 것은 호랑이나 귀신이 아니요, 바로 자신의 업보다.

어째서 자신의 업보가 가장 두려운가?

처음 안양암에 머물 때는 잘 모르겠더니 시간이 흐를수록 차츰 그곳이 두려워졌다. 물론 호랑이나 귀신이 두려운 것은 아니었다.

공부하던 중 목 없는 귀신을 보았으나, 조금도 두려워하지 않고 "너는 목이 없으니 골치 아플 일이 없겠구나" 하였더니 곧 사라졌다. 배 없는 귀신이 나타난 적도 있었다. 그때도 "너는 배가 없으니 배 아플 일도 없겠구나" 하였고, 귀신들은 곧 사라졌다.

예수님은
법 받은 미륵존여래불

그러나 어느 때부터인지 문소리만 바스락거려도 기절할 정도로 두려웠다. 귀신에도 담대한데, 도대체 어찌 된 영문인지 알 수 없었다.

두려운 마음에 대고 대방광불화엄경 염송을 계속하자 차차 두려운 생각이 소멸되며 그 이유가 알아졌다.

어느 전생에 나는 생불 같은 훌륭한 스승을 만나 수도하였다. 스승은 나에게 말하였다.

"도통을 하려면 부처도 죽이고 스승도 죽여야 하느니라."

달마 대사의 살불살조殺佛殺祖의 가르침을 말씀하신 것이었다. 그러나 나는 그 말씀을 잘못 알아들었다. 이 스승을 죽이면 바로 도통이 된다는 것으로 생각했다. 단순했던 나는 단매로 스승을 때려죽이고 바로 그 자리에 묻었다. 그 자리가 바로 안양암 자리였다.

스승을 때려죽인 잘못을 깨닫고 바로 참회하였으나 여러 생 고통을 받았고, 결국 그 스승을 만난 뒤에야 죄 사함을 받았다. 그러나 죽였다는 생각을 완전히 해탈하지 못하였기 때문에 그 생각이 되풀이하여 나오면, 아무 이유 없이 두려워지는 것이었다.

가장 두려운 것은 업보이다. 또한 가장 좋은 것이 업보이다. 죄와 복은 주기적으로 순환한다.

육바라밀

안양암에서 홀로 수도하는 동안 가르침을 청하는 사람들이 종종 찾아왔지만, 이들을 올바르게 지도하기 어려워 모두 돌려보냈다. 그러나 내 전생의 모습을 안 뒤에는 힘닿는 대로 그들을 도와주어야겠다고 마음먹었다.

사람들이 점차 모여들자, 20여 평의 안양암은 협소하였다. 장안사 주지의 배려로 인근에 좀 넓은 지장암地藏庵으로 옮기게 되었다. 지장암 주위에는 텃밭이 있어서 30여 명의 대중이 아침 공부 후 늘 텃밭에서 감자나 옥수수 농사를 지어, 가능하면 식생활을 자급자족하였다. 나는 대중에게 탐진치를 닦아 밝아지는 육바라밀을 종종 강의하곤 하였다.

보시바라밀

욕심내는 마음을 닦기 위해서는 보수 없는 일을 연습하여라. 감자 농사라도 지어 남을 먹이는 마음을 낼지언정 바라지 말라. 이것이 탐심을 제거하는 보시바라밀이다.

지계바라밀

성내는 마음을 닦기 위해서는 마음을 미안함에 머물지 말아라. 누가 내 미안함을 건드릴 때 성내게 되는 것이다. 이것이 진심을 제거하는 지계바라밀이다.

인욕바라밀

어리석은 마음을 닦기 위해서는 자신이 몹시 못난 줄 알고 다른 사람을 부처님으로 보아 배우고 공경하여라. 이것이 치심을 제거하는 인욕바라밀이다.

정진바라밀

이런 것들을 부지런히 행하는 것이 정진바라밀이다.

선정바라밀

이같이 하여 몸과 마음이 건강해지면, 마음이 안정되고 평화를 얻게 된다. 이것이 선정바라밀이다.

지혜바라밀

그러면 세상일에 미혹하지 않게 되고 점점 슬기로워져서, 자신과 세상을 바로 알게 된다. 이것이 지혜바라밀(반야바라밀)이다.

도통하겠다는
욕심을 버려야

산속으로 나를 찾아오는 사람 중에는 신통이나 도통을 바라는 사람들이 적지 않았다. 나는 그들에게 종종 이런 이야기를 하곤 하였다.

검은콩 한 가마니에 들어 있는 흰콩 한 알을 골라내라고 한다면 어떻게 골라낼까?

사람들은 대부분 흰콩 한 알을 찾기 위해서 검은콩을 마구 헤집을 것이다. 그러나 지혜로운 사람이라면 그렇게 하지 않는다. 눈에 보이는 검은콩을 하나하나 주워낼 뿐이다. 주워내다 보면 언젠가는 자연스럽게 흰콩이 나올 것임을 잘 알기 때문이다.

수도하는 사람도 마찬가지다. 마음속의 탐진치는 제대로 닦지 않으면서 도통하겠다는 욕심만 낸다고 될 일이 아니다. 마음속 탐심, 진심, 치심을 하나하나 닦아 나가면 저절로 밝아지고 자연스럽게 도통도 될 것이다.

예수님은
법 받은 미륵존여래불

흰콩 한 알을 얼른 찾겠다고 검은콩을 마구 헤집는 용심은 노력도 하지 않고 단번에 일을 성사하겠다는 탐심이다.

인욕바라밀

　　나를 찾아 공부하러 오는 사람들이 여럿 있었으나 나는 한 번도 그들을 제자라고 생각하지 아니하였다. 그래서 나는 항상 시봉이 없었다. 그들이 다 부처님 같은 존재인데 어찌 제자라고 할 것인가!

　　처음에는 공부하는 사람들에게 존칭을 사용하였고 일체 나무라지 아니하였다. 그렇게 지내다 보니, 그들의 마음 닦는 데 전혀 도움이 되지 못할 뿐 아니라 오만한 마음을 키우게 된다는 것을 알았다.

　　어느 때부터인가 제자에게 하는 말투로 바꾸고 탐심, 진심, 치심 등의 분별심을 일으킬 때 엄하게 꾸중하여 다시는 그런 행동을 하지 않도록 하였다. 그러자 대중의 기강이 서게 되었으며 다른 사람들로부터 잘 훈련된 군대와 같다는 이야기를 듣기도 하였다.

　　대중도 처음에는 꾸중을 두려워하다가 차츰 꾸중이야말로

예수님은
법 받은 미륵존여래불

자신을 지극히 사랑하는 표시로 알게 되어 감읍感泣하기도 하고, 심지어 꾸중 좀 해 달라는 사람까지 생겼다.

하지만 제자들을 잘 가르친다고 꾸중한 것이 여러 생 습관이 되었음을 뒤늦게 알았다. 꾸중은 제자들에게는 도움이 되었지만, 나는 그 습관으로 인하여 치아가 급속히 나빠져서 일찍이 의치義齒를 하게 되었다.

정진바라밀

금강산에 있을 때, 가끔 장안사에 법문하러 내려가곤 하였다. 한 번은 수도의 목적이 죽는 순간에 바쁜 마음을 '부처님' 하는 마음과 바꾸기 위한 것이라는 법문을 하였다. 한 중이 이를 듣고 생각하였다.

'수도의 목적이 그 정도라면, 일평생 수도만 하고 지낼 필요가 뭐람! 먹고 싶은 것 먹고 놀고 싶을 때 실컷 놀다가, 죽을 때 부처님만 찾으면 될 것 아닌가?'

그는 꾀를 내었다. 그때는 '관세음보살'을 할 때니까 사방 벽면과 천장에까지 '관세음보살'을 빽빽하게 써 놓았다. 죽는 순간 관세음보살을 잊지 않기 위해서였다.

드디어 빈둥빈둥 놀기만 하고 공부는 게을리하던 그 중이 임종을 맞게 되었다. 그 중은 살이 조각조각 찢겨 나가는 듯하고 육신이 사그라지는 듯한 극심한 고통 속에서 천장과 사방 벽에 쓰인 관세음보살 명호를 읽으려 했다. 그러나 정신과 육체는 제멋대로 황망하게 날뛸 뿐, 턱이 마음대로 움직여지지 않았다. 빨리 '관세음보살' 해야 하는데 마음은 급하고 잘되지는 않고, 그만 분하고 독한 마음이 나서 온몸이 퉁퉁 부어오른 채 최후를 마쳤다.

그 중은 도통에 대한 한을 품은 채 세상을 떠났다. 그렇게 악심을 내고 세상을 떠났으니, 내버려 두면 장안사 대중에게 큰 피해가 올 것이다. 몸은 없고 마음만 있는 귀신이 주위에 해를 끼치려 하면 그 범위가 넓지만, 만일 어떤 몸이라도 받는다면 피해가 줄어들 것으로 생각하였다.

'사람의 몸이건 축생의 몸이건, 몸을 받자면 생전에 지은 선근善根이 있어야 할 텐데….'

그 중이 복 지은 것이 있나 관찰하니, 전에 시루떡을 가져온 것이 떠올랐다. 이러한 인연으로 그는 천도될 수 있었다.

얼마 후, 그 중이 생전에 드나들던 부엌에 사슴 한 마리가 자주 나타나는 것을 볼 수 있었다.

옳거든 부지런히 실행하라. 이것이 정진바라밀이다.

이처럼 바쁘지 않은 평소에 부지런히 마음을 닦고 바치는 연습을 해야, 가장 바쁘고 급한 죽는 순간에도 공부를 놓치지 않을 수 있다.

지장암 수도의
특징

지장암의 대중은 비록 100일 단위로 출가하였지만, 모두 머리를 깎고 승복을 입었으며 일반 사찰처럼 원주原主 지객知客 등의 소임이 있었다. 또한 부처님께서 제정하신 계율을 준수하도록 하였으니 스님의 생활과 하등 다름없었다.

짧게는 100일 공부하다 나간 사람도 있었지만 길게는 3~4년 이상, 내가 지장암을 떠날 때까지 7년가량 머문 사람도 있었는데 항상 30여 명의 대중이 머물렀다.

출가하고자 하는 사람들에게는 반드시 조건을 붙였다. "여기 들어와서 내 말에 복종하겠느냐?"를 물었으며, 복종을 약속하는 사람만 출가를 허락하였다.

이들은 모두 아침 3~4시에 일어나 대방광불화엄경을 한두 시간 염송하고 화엄경 법문을 들었다. 식사를 일일 2회 이하로 제한하였으나 상당수의 대중이 일일 일식을 하였다. 처음에는 행동이 거친 사람도 적지 않았지만, 차츰 안정되었으며 수도하

예수님은
법 받은 미륵존여래불

는 30여 명의 대중이 아무 잡음 없이 일사천리로 움직이게 되었다.

세월이 흐르니 나를 비롯하여 대중들의 얼굴이 모두 비슷비슷해져서 다른 사람이 구분을 잘 못 할 지경이었다.

어째서 얼굴이 구분하기 힘들 정도로 비슷하게 변했을까?

해방되기 얼마 전, 지장암에 대중들이 다 흩어진 후 다시 가 보았다. 아무도 없는 빈 절의 고요함 속에서 예전처럼 대중이 힘차게 "대방광불화엄경" 염송하는 소리를 들을 수 있었다.

진심嗔心을
해탈해야 사회인

금강산에 온 지 7~8년 즈음에 서울에서 변호사 몇 사람이 찾아왔다. 금강산에서 청년 30여 명을 지도하는 백 박사가 어떤 사람인가 염탐하러 온 것이다.

"스님께서는 세상 공부도 많이 하셨습니다. 산중에 계시는 것보다 사회에 나아가 활동하시며 젊은이들을 지도하는 것이 오히려 더 바람직하지 않겠습니까?"

"아직 때가 되지 않았소."

"산에 들어오신 지 7~8년이면, 산에 들어오신 목적은 충분히 달성하셨을 텐데요?"

"저 앞산에 활엽수가 눈에 많이 뜨이지요? 거기에 무어라 씌어 있는지 아시오? '모든 정력을 낭비하는 자, 속히 죽느니라.' 이 글자가 당신들 눈에 보이오, 안 보이오?"

"아무것도 안 보이는데요."

"모든 활엽수는 습기와 온도가 적당하면 있는 대로 정력을

예수님은
법 받은 미륵존여래불

뽑기 때문에 새파랗지요. 그러나 가을이 되어 습기가 부족하고 온도가 내려가면 누르스름해지고 새빨갛게 되지요. 그러니까 초목이 '나 죽습니다' 하는 상태가 단풍이란 말이지요. 사람들은 초목이 '나 죽습니다' 하는 것을 보고 아름답다고 하는 셈이오. 활엽수를 볼 때 정력을 낭비하는 자는 쉽게 죽는다는 말이 자주 눈에 뜨인다면 이것은 아직 내 마음속에 불평이 많다는 뜻이요. 그러니 천생 산중에 앉아 있을 수밖에 없지 않소. 내가 그 진심嗔心을 가지고 세상에 나갔다간, 세상 사람들에게 이익을 주기보다는 오히려 해를 입힐 수도 있으니 차라리 산중에다 그 독을 푸는 게 낫지요."

"그러면 언제쯤 세상에 나가십니까?"

"침엽수가 '모든 정력을 낭비하지 않는 자, 오래 사느니라' 하고 말하는 것이 눈에 자주 보이게 될 때, 비로소 내 진심이 사라졌다 할 것이요. 그때 사회활동을 할 수 있고 사람들에게도 이익을 주게 될 것이요."

그들은 어안이 벙벙해서 나를 쳐다보더니 그냥 가버렸다.

참는 것이 큰 문제

당대의 최고지성이요 유명한 소설가이기도 한 L씨가 세상의 모든 것을 던져 버리고 지장암에 출가한 적이 있었다. 그는 사랑에 관한 소설을 많이 썼다. 원체 인연 업보가 많은 사람이어서 얼마 머물지 못하였고, 곧 밖으로 나갔다. 후에 콩팥 수술을 받았다.

어째서 그는 남녀 간의 사랑에 관한 소설을 많이 쓰게 되었을까? 그 인연을 살펴보았다.

그는 전생에 중이었는데, 마음속에 애욕이 발동하였을 때 그것을 제대로 처리하는 수도 방법을 알 수 없었다. 이래도 저래도 아니 되어서 결국은 생식기에 뜸을 떠서 음탐심을 해결하려고 하였다.

그러나 음탐심을 해결하지는 못하고 마음속으로 애욕에 관한 상상을 잔뜩 하다가 다시 태어난 그는 사랑 타령하는 글을 쓰게 된 것이다. 그리고 생식기에 뜸을 뜬 것이 원인이 되어 콩

예수님은
법 받은 미륵존여래불

팥 수술까지 받게 되었다.

　전생에 중노릇하며 음탐심을 억지로 눌러 참다가 금생에 고생하는 사람들을 종종 보게 된다.

　불음계不淫戒를 받은 승려들이 음탐심을 깨치는 방법을 모르고 눌러 참아서 어찌 밝아질 수 있겠는가?

독립운동을 할
필요가 없어지다

내가 금강산에서 마음이 잘 조복調伏된 청년 30여 명과 함께 있다는 소문이 나서, 일제는 독립운동을 하려는가 하여 나를 불러다 조사하고 더 이상 수도하지 못하게 압력을 가하였다.

해방되기 10년 전인 1935년, 나는 산을 떠나야 할 때임을 알았다. 더 이상 독립운동을 할 필요도 없어졌다. 1945년 8월에 우리나라가 일제로부터 해방됨을 알게 된 것이다.

어떻게 해방을 미리 알 수 있었나?

입산 초기에 나라를 빼앗은 일본 사람을 미워하는 마음이 많았다. 그러나 대방광불화엄경을 염송하여 마음이 안정되자 생각이 차츰 바뀌게 되었다. 미운 것은 일본 사람이 아니라 그들의 사고방식이었다. 간교하고 잔인하게 우리나라를 짓밟은 일본인의 그 사고방식이 더 문제였다.

그러나 공부가 진행되며 마음이 더욱 안정됨에 따라 일본인

예수님은
법 받은 미륵존여래불

이 우리나라 사람들을 잔인하게 짓밟는 원인이 알아졌다. 우리나라 사람들이 조선조 500년 동안 일본 사람을 하찮게 여겨 무시하고 멸시했던 그 마음이 지배를 불러온 것이다. 모두가 자업자득이고 인과응보인 것이 소상하게 알아지니 일본 사람도 그 사고방식도 다 미워할 것이 아니었다.

그런 생각이 들며 우리나라가 분명히 독립한다는 희망이 생겼다. 일본인에게 지배당하는 것이 그들을 멸시한 과보 때문이라면, 그 죄의 과보가 소멸할 즈음에 독립할 것이기 때문이다.

독립을 희망하며 공부를 계속하던 어느 날, 기도 중에 홀연히 한 광경이 생생하게 떠올랐다. 분명히 해방되었다고 하는데, 서울은 동경에 매여있고 평양은 아득한 북쪽 어디쯤 매여있는 장면이었다.

어째서 서울과 평양이 서로 다른 곳에 매여있을까?

그러나 더는 알 수가 없었다. 해방되는 것은 알겠는데 그 내용을 확실히 알 수 없으니, 답답한 마음은 그 광경을 보기 전이나 마찬가지였다.

수행과 기도를 계속하여 마음속에 탐진치를 일으키는 아상의 뿌리가 소멸되어서야 비로소 그 뜻을 확실히 알게 되었다. 이때가 해방되기 10년 전이었다. 1945년 8월, 서울이 동경에 매인 것은 맥아더 사령부가 동경에 있기 때문이고 평양이 북쪽 어디쯤 매인 것은 평양이 모스크바의 지시를 받고 있기 때문이었다.

공부 중에 어떠한 광경을 본다고 하여 그 뜻까지 다 알 수 있는 것은 아니다. 아상이 완전히 소멸되어야 비로소 그 뜻을 확실히 알 수 있다.

화엄경에는
부처님이 아니 계시다

수도하는 사람들은 마음 닦는 과정에서 차츰 희로애락의 감정이 둔해지는 것을 느끼며, 자신이 목석처럼 변하는 것이 아닌가 하고 두려워한다. 그러나 마음에 분별심이 차츰차츰 소멸한다면 목석처럼 될 리가 있겠는가! 도리어 의심스러운 것이 점차 사라지며 매사가 분명해진다.

금강산 수도에서 자기 자신의 모습을 본 나는 분별심을 소멸하는 공부를 계속하여 나 자신의 여러 생의 모습뿐 아니라 다른 사람들의 전생도 알 수 있게 되었다.

알고 보니 나는 화엄경을 공부하였으며 여러 생 화엄경의 대가라는 소리를 들었다. 더 놀라운 일은 나를 따라 화엄경을 공부하던 사람들이 대부분 후생에 큰 고통을 받는다는 사실이었다.

어째서 불법의 대의를 모두 담은 최상승 경전인 화엄경을 공부한 사람들이 고통을 받는가?

물론 경의 잘못은 아니다. 화엄경을 공부하는 사람들의 용심(用心 마음 씀씀이)이 문제였다.

예수님은
법 받은 미륵존여래불

부처님에 대한
지극한 공경심이 있어야 한다

　화엄경은 마음 닦는 방법을 가장 완벽하게 설명한 경이다. 또 부처님의 웅대한 살림살이를 잘 나타낸 경이다. 그러나 화엄경을 읽는 사람들은 그 가르침대로 마음을 닦기보다는 부처님의 웅대한 살림살이에 취하게 되기 쉽다. '부처님은 참 훌륭한 분이시다' 하고 공경심을 내기보다는 자신이 부처님처럼 돼버리는 것이다. 마음은 부처님처럼 커지는데 몸은 여전히 하찮은 중생이라면 그 후생은 당연히 고통스러울 수밖에 없다.

　마음 닦아 밝아지려면 자신의 업장이 태산 같은 줄 알고, 부처님께 절대 공경심을 내는 것이 꼭 필요함을 깨치게 되었다.

제2부

새로운 패러다임의
불교 수행

새로운 패러다임의
불법으로

◉

백 박사님께서는 금강산 장안사 지장암에서 대중들의 수도 생활을 어떻게 지도하셨을까?

당시 유명한 금강산 도인이신 백 박사님의 가르침을 받고자 지장암에 출가하는 대중은 머리를 깎고 계를 받았습니다. 승려가 되는 것과 유사한 형식이었던 것 같습니다. 단지 비구계가 아니고 사미계를 받았고, 100일 단위로 공부하여 100일이 끝나면 집으로 돌아가도 좋다고 인정한 점이 승려와 달랐습니다. 백일 공부를 성공적으로 마친 사람에게 다음과 같이 엄숙하게 법을 받는 회향 절차가 있었다고 합니다.

서울(당시 경성)에 계시던 손혜정 선생님(백성욱 박사님의 스승), 백 박사님과 모든 대중이 가사를 입고 회향 준비를 한다. 손 선생님께서 불상 앞에 정좌하실 때까지 백 박사님께서는 왼쪽 무릎을 땅에 대고 오른쪽 무릎은 꿇고 계시다가 법장法杖을 공손하게 손 선생님께 드린다. 100일 기도를 마치고 법을 받을 준비가 된 사람은 손 선생님께 공손히 삼배를 드리고 꿇어앉는다.

손 선생님께서는 다음과 같이 물으신다.

"이 세상에는 사람들이 바라는 것이 일곱 가지가 있다.

첫째, 저 잘난 것. 둘째, 생명. 셋째, 부자. 넷째, 용력勇力. 다섯째, 권리. 여섯째, 부부지정夫婦之情. 일곱째, 자식애착이다. 그중 네 용심은 어떤 것인가?"

옳게 깨쳐 대답하면 칭찬하신다.

"착하고 착하도다. 바로 그것이로다."

그 후 오른 손가락을 그 사람의 머리에 대고 살짝 누르시고 물으신다.

"나를 따라 하여라. 불성佛性이 무엇인고?"

그러면 법을 받는 사람은 "불성이 무엇인고?" 하며 따라한다. 또다시 "불성이 무엇인고?" 하면 또 따라서 "불성이 무엇인고?"를 한다.

손 선생님께서 불성을 설명하시며 물으신다.

"비우고 비우고 또 비워 티끌만한 미세한 분별도 있지 아니한

예수님은
법 받은 미륵존여래불

그 자리. 무량대복無量大福이 꽉 찬 그 자리. 이 세상 모든 중생에게 다 나누어 주어도 조금도 줄어들지 아니하고 그대로 있는 그 자리. 밝기가 낮과 같이 밝아 무내외無內外라. 안팎 없이 밝은 이 보배를 너에게 주노니 네가 지킬 테냐?"

"지키겠습니다"라고 대답하면, 또 "지킬 테냐, 말테냐?" 하고 물으심에 다시 "지키겠습니다" 한다.

이처럼 세 번 다짐함으로써 법을 받는 절차가 진행되었다.

이상은 『금강산 수도에 미륵부처님 친견기』(김기룡, 불교통신교육원, 1983) 책에 쓰인 이야기입니다.

그러나 금강산에서 하산하신 후 백 박사님께서는 이러한 형식보다는 실질을 강조하셨고, 승려의 삶보다는 비승비속非僧非俗의 삶을 더욱 바람직하게 생각하셔서, 제자들에게도 권장하셨습니다. 산속에서 마음을 가라앉히는 고요한 수행보다는 비산비야非山非野에서 현실과 격리되지 않는 수행을 하도록 하셨습니다. 모든 것을 마음속에서 찾도록 하셨기에 부처님이 제정하신 계율도 지키는 형식을 취하기보다는, 지키겠다는 마음을 부처님께 바쳐서 실질적으로 행하도록 권하셨습니다. 말하자면 새로운 패러다임 paradigm의 불법佛法을 시작하신 것 같습니다.

다음은 새로운 패러다임의 백 박사님 가르침입니다.

미륵존여래불

수도하는 사람에게 가장 필요한 마음의 자세가 무엇인가?

그것은 남에게 베풀어 주는 마음이 아니요, 계율을 철저히 지키는 마음도 아니요, 용맹정진하는 마음도 아닌 부처님에 대한 절대 공경심이다.

부처님에 대한 공경심이 수도인이 가져야 할 가장 중요한 마음가짐이라는 것이 알아지며, 미륵존여래불이 어떤 존재인지 깨치게 되었다.

미륵존여래불은 본래 인도와 말레이반도 사이에 있는 섬나라 안다만 제도의 왕자였다. 가무잡잡한 피부의 왕자는 인도 대륙에 부처님이 출현하셨다는 소문을 듣고 통나무로 배를 만들어 벵골만을 건너고 갠지스강을 거슬러 올라가서, 바라나시 근교의 녹야원에서 부처님의 반야회상에 참여하였다.

하루는 부처님께서 설법하시다가 대중을 보니, 부처님을 향

예수님은
법 받은 미륵존여래불

하는 그들이 모두 환한 빛을 발하는 것이 부처와 조금도 다를 바가 없었다. 그래서 대중에게 그들의 밝음을 칭찬하셨다.

"보라, 그대의 한마음을! 부처님께 향하는 그대가 바로 부처가 아닌가. 바로 그 한마음을 닦아 성불하는 것이다."

그러나 그 순간 대중의 밝음이 일시에 사라지고 다시 캄캄해졌다. 제 마음 제가 닦아 성불한다는 부처님의 말씀을 듣는 순간, 그들의 마음에는 '아하! 바로 내가 내 마음 닦는 주인공이로구나' 하는 치심癡心이 일어난 것이다.

그런데 다른 이들은 다 어두워졌어도, 오직 한 사람, 더욱 밝아 보였다. 부처님께서 그의 마음을 보시니, 그는 자기가 닦아 성불한다는 생각이 없었다. '부처님께서 안 계셨다면 마음이 밝아지는 이런 가르침을 어디서 들을 수 있겠습니까! 석가여래 부처님 참 고맙습니다' 하고 여전히 부처님을 향하고 있으니, 밝음이 그대로 유지되었다.

그가 바로 안다만 제도의 왕자였는데, 부처님께서는 이 광경을 보시고 수기를 내리셨다.

"그대는 내 뒤에 부처를 이룰 터인데, 이름은 '미륵'이라 할 것이다."

미륵존여래불을 사람이라 생각하여서는 아니 된다. 석가여래에 대한 절대 공경심이 바로 미륵존여래불이다.

미륵존여래불이 어떤 존재인지 깨치게 된 후, 나는 사람들

에게 대방광불화엄경을 염하도록 권하지 않고 미륵존여래불을
염송하도록 권하였다.

예수님은
법 받은 미륵존여래불

화엄경에서
금강경으로

1945년 8월, 이미 알던 바와 같이 우리나라는 해방이 되었다. 나의 소원이 이루어진 것이었다. 해방 소식을 듣고 '아! 성공했구나!' 하는 순간, '더 살아서 무엇 하나?' 하는 생각도 났다.

성공했다는 마음은 곧 죽은 마음이다. 앞으로 더 할 일이 없다는 생각이 잠깐 났으나, 할 일이 남아 있는 것을 알게 되었다.

이제부터는 화엄경이 아닌, 부처님이 계시는 금강경으로 인연 있는 사람들을 만나 새로운 가르침을 전할 것이다. 금강경이 곧 부처님이요, 부처님이 계시는 경임을 깨친 것이다.

금강경은
어떤 경인가

◉

1900년대 초만 하여도 우리나라에서 금강경은 신령스러운 경이라고 알려져 스님들조차도 감히 해설하지 못하고 사람의 손이 닿지 아니하는 성스러운 곳에 모셔놓기만 하였다고 합니다. 하지만 요즘에는 수많은 사람이 금강경을 독송하고, 금강경은 해설서가 가장 많은 경이 되었습니다.

백 박사님께서도 금강산에서 하산하신 후로는 금강경을 독송하고 해설하시며 그 내용을 실천하실 뿐 아니라, 금강경에서 제시한 수도법을 통하여 후학을 지도하셨습니다. 백 박사님이 해설하시는 금강경은 뭇 해설들과 상당한 차이를 발견할 수 있습니다.

예수님은
법 받은 미륵존여래불

선禪이란 불립문자不立文字, 교외별전敎外別傳이라고 하는데, 백 박사님이 말씀하시는 금강경은 문자에 의지하거나, 경전이나 조사 어록을 인용한 말씀이 아니었습니다. 항상 모든 것을 자신의 마음 속에서 구한다는 선禪의 진리에 입각하여, 문자를 떠나 뜻으로 말씀하셨고 논리와 형식을 떠나서 실질로 행동하셨습니다.

문자가 아닌 뜻으로 말씀하셨기에 선지식이 말씀하신 금강경은 불자뿐 아니라 불자가 아닌 보통 사람도 친근할 수 있고, 형식이 아닌 실질을 중심으로 한 말씀이기에 모든 말씀은 사구死句가 아닌 활구活句가 될 수 있습니다.

즉, 백 박사님께서 말씀하시는 금강경 독송은 간경看經 수행이 아닌 선수행禪修行이라 할 것이며, 구체적으로는 다음과 같은 특징이 있습니다.

첫째, 금강경 3분에서 구류중생九類衆生을 마음 밖의 중생이 아니라 마음속의 각종 분별심이라고 말씀하신 점.

둘째, 금강경 3분의 아개영입 무여열반 이멸도지我皆令入 無餘涅槃 而滅度之를 '구류중생을 제도한다'라고 설명하지 않으시고 '분별심을 부처님께 바친다'라고 말씀하신 점.

셋째, 따라서 금강경 3분의 항복기심降伏其心의 내용이 '중생 제도'라는 실천 행위가 아니라 '마음을 닦는 수도법'이 되게 하신 점.

넷째, 금강경 4분의 무주상 보시를 업보 없는 곳을 지향한 보시, 즉 부처님 기쁘게 해드리는 보시로 해석하시어 성인聖人뿐 아니라 범부도 실천이 가능하게 해석하신 점입니다.

그분이 직접 하신 말씀을 살펴봅니다.

예수님은
법 받은 미륵존여래불

가장 밝으실 때
설하신 금강경

금강경은 석가여래가 가장 밝으실 때 설하신 경이며 석가여래가 가장 하시고 싶은 말씀을 표현해 놓으신 경이라 할 수 있다.

석가여래가 가장 밝으실 때란 무슨 뜻인가?

부처님께서 처음 깨달음을 얻으셨을 때, 인도 사람들의 당면 과제는 고통을 해결하는 것이었고, 마음 닦아 성불하는 데는 별 관심이 없었다. 그래서 부처님께서는 제일 먼저 고통의 문제를 해결해 주시고자 아함부 법문을 설하셨다. 아함부 법문을 설하는 데 12년이 걸렸다.

고통의 문제가 다 해결되어도 사람들은 밝아지려고 하지 않았다. 계급 차별로 인한 마음속의 한恨풀이라는 과제가 남아 있었다. 마음의 한恨을 풀기 위한 법문을 방등부 법문이라 하는데, 방등부 법문을 설하시는 데 8년이 걸렸다.

고통의 문제, 마음속 한의 문제를 해결하고서야 비로소 사람들은 마음 닦으려는 신심을 내었다. 그 후 마음 닦아 성불할 수 있다는 반야부 법문을 설하셨는데, 장장 20년의 세월이 걸렸다.

반야부 법문 20여 년 중 가장 마지막에 설하신 것이 금강경이다. 이때가 사람들이 모든 고통을 해탈하고 마음속의 한도 소멸하여 마음이 순숙(純淑 수양심이 깊어져서 마음이 온순해지고, 성격이 부드럽고 진실하게 되며, 행실이 원만하게 되어가는 것)해진 가장 밝을 때이다. 사람들이 가장 밝을 때가 부처님 역시 가장 밝을 때인 것이다.

대승정종분大乘正宗分의 해석

　　금강경의 요지는 3분 대승정종분大乘正宗分, 4분 묘행무주분妙行無住分, 5분 여리실견분如理實見分에 잘 나타나 있으며, 석가여래와 수보리 존자와의 문답 형태이다.

　　수보리 존자의 질문이다.

　　"부처님께서는 공부하려는 사람들에게 언제나 모르는 것을 잘 가르쳐 주시고 또 잘 닦도록 염려해 주십니까? 그렇다면 우리가 마음을 밝게 하려면 마음을 어떻게 써야 하며, 마음에 올라오는 생각들은 어떻게 항복 받겠습니까?"

　　부처님께서 대답하셨다.

　　"모든 보살이 어떻게 그 마음을 항복 받는가 하니, 중생의 종류에는 알卵로 난 것, 태胎로 난 것, 습濕에서 난 것, 화化해서 난 것, 형상이 있는 것, 형상이 없는 것, 생각이 있는 것, 생각이 없는 것, 생각이 있지도 않고 없지도 않은 것이 있는데, 그들을 다 열반에 들게 해서 제도하겠다고 하여라. 그렇게 한량없고 무수히 많은 중생을 제도하였다고 해도, 사실은 제도 받은 중생은 하나도 없다. 왜 그런가 하니, 만일 보살이 '나'라는 생각, '남'이라는 생각, 밝지 못하다는 생각衆生相, 경험이 많다는 생각壽者相이 있을 것 같으면, 이미 그는 보살이 아니기 때문이다."

여기서 '알卵로 난 중생'은 무엇을 나타낼까? 알은 자기가 먹을 것(영양)과 자신을 전부 껍데기 속에 넣어서 모체에서 떨어져 나온다. 거기에 깃든 생명은 온도와 습도만 맞으면 스스로 그 속에서 성장한다. 그러다가 드디어 껍데기를 벗고 세상에 나오면, 부모 관계를 전혀 알 수 없는 한 개체가 된다. 이것은 남의 은공은 알지 못하고 자기 생체만을 보전하는 마음, 즉 배은망덕하는 마음에서 생긴 결과다.

'태胎로 나는 중생'은 모든 것을 모체로부터 받아 자란다. 애초에 모체 속에 씨가 붙어서 모체를 긁어먹고 자라며, 뱃속에서부터 형상을 갖추고, 모체에서 떨어져 나온 뒤에도 모체를 따라다니면서 배운다. 이것은 남에게 바라고 의지하는 마음 때문이며, 이 마음이 태로 나는 원인이 된다.

'습濕에서 난 중생'은 물고기 같은 것이며, 행여 제 몸뚱이를 남에게 잃어버릴까 봐 늘 감추는 마음이 만든 결과다.

'화化해서 난 중생'이란 무엇일까? 물이 고여 지저분한 곳에 모기가 생기는 것을 흔히 볼 수 있다. 이것은 자기를 내세우겠다

예수님은
법 받은 미륵존여래불

는 마음을 가졌기 때문이며, 내세울 자격이 못 되는데 자꾸 드러낼 궁리를 하면 이런 보報를 받는다.

'형상이 있는 것'은 모양은 있어도 내용이 시원치 않은 것이요, '형상이 없는 것'은 모양은 없어도 작용하는 귀신같은 것이다.

우리의 몸 밖에 있는 이러한 모든 중생을 결과라고 한다면, 우리 마음속에 있는 생각들은 그러한 결과를 가져오게 하는 원인을 짓는 중생이라 할 수 있다.

이 안팎의 모든 중생을 남김없이 다 열반에 들게 하여 제도하겠다고 하라는 뜻은 무엇일까?

마음속에 있는 모든 생각들, 가령 배은망덕하는 마음, 남에게 의지하는 마음, 숨는 마음, 스스로 과장하는 마음, 정신이 이상하여 이랬다저랬다 하는 마음 등을 모두 부처 만들겠다고 하라는 뜻이다.

그러나 중생이 어떻게 중생을 부처로 만들 수 있겠는가?

그 한 방법으로 무슨 생각이든 제도하시는 부처님께 바치자, 즉 맡기자는 것이다.

생각을 부처님께 바친다는 것은 어두컴컴한 자기 생각을 부처님의 밝은 마음으로 바꾼다는 뜻이다. 자기 마음속의 망념을 부처님 마음으로 바꾸었기에 제 마음은 비었을 것이요, 제 마음이 비었다면 부처님 광명이 임하시고 부처님과 같은 지혜가 나는 것이다.

무엇이든
부처님께 바쳐라

사람들은 마음에 평화와 행복을 얻기 위하여 불교를 신앙한다. 그러나 우리가 불교를 신앙하는 궁극적인 목적은 부처가 되는 데 있다. 석가모니 부처님께서 사바세계에 출현하신 큰 뜻도 고해苦海에서 윤회하는 중생을 제도하여 부처로 만드는 데 있었다. 부처가 되면 중생의 모든 번뇌, 고통, 부자유에서 벗어나 원만하고 자유로워진다. 성불이 곧 해탈이다.

성불은 어떻게 하며, 해탈은 어떻게 이루어질까?

석가모니 부처님께서는 모든 것을 버리라고 하셨다. '나', 탐심과 진심, 아만과 집착을 버리라고 하셨다. 아집我執을 버리고 아상을 버려야 한다고 가르치셨다. 매에게 쫓기는 비둘기의 생명을 구하기 위해 자기 육체를 매에게 던져 주신 당신처럼, 모든 것을 버릴 수 있어야 성불이 가능하고 해탈의 길이 열린다고 하셨다. 모든 것을 버리지 않고서 윤회의 굴레를 벗어날 수 없고, 피안彼岸의 길 또한 아득할 수밖에 없다고 하셨다.

예수님은
법 받은 미륵존여래불

나는 마음의 평화와 행복은 물론 성불과 해탈을 위해 모든 것을 부처님께 바치라고 말하고 싶다. 자신의 모든 것을 부처님 앞에 바칠 줄 알아야 한다. 탐욕 진심 어리석음은 물론, 기쁨 슬픔 근심 고통도 다 부처님께 바친다. 몸과 마음을 모두 다 바치는 것이다. 모든 것을 부처님께 바칠 때 평안함이 오고, 일체를 바치고 났을 때 법열法悅이 생기는 것이다. 오욕五慾도 팔고八苦도 바쳐야 한다. 부처님께서는 우리가 바치는 모든 것을 기꺼이 받아 주신다. 그리고 이렇게 모든 것을 바침으로써 부처님 가르침이 받아들여지는 것이다.

중생의 원인이 되는 무명無明을 바치면 부처님의 지혜가 비친다. 부처님의 광명이 우리에게 비칠 때, 우리는 비로소 윤회의 바다를 벗어나게 된다. 생사를 바친 곳에 불생불멸의 영원한 삶이 있다.

모든 것을 부처님께 바치지 않고 자기 소유로 하려는 마음에서 일체의 고통이 따르고 번뇌가 발생한다. 명예를 자기 것으로, 재물을 자기 것으로, 여자를 자기 것으로, 자식을 자기만의 자식으로 하려는 데에 중생의 고뇌가 있다. 이 모든 것은 영원한 자기 것이 될 수 없다. 어찌 명예가 항상 함께할 수 있으며 남녀의 사랑이, 재물이, 자식이 완전한 자기 것이 될 수 있을까!

중생적인 것은 모두 부처님께 바치고, 영원히 자기 것일 수 있는 부처님의 지혜와 진리를 얻어야 한다.

'모든 것을 부처님께 바친다' 함은 '항상 부처님과 함께한다'

라는 뜻이기도 하다. 부처님과 잠시라도 떨어져 있으면 일시에
번뇌와 망상이 생긴다.

예수님은
법 받은 미륵존여래불

일체유심조

● 겉모양보다 속마음

마음이 부처님을 향해 있으면 나는 그를 출가자라고 한다. 설사 몸은 출가해 있어도 마음이 세상을 향해 있다면 나는 그를 재가자라고 한다.

● 마음 밖에 진리가 없다

부처님이 어디 계신지 찾지 마라. 그대가 생각하는 위대한 부처님은 아무 곳에도 계시지 않는다. 그대를 밝게 해 주려고 애쓰는 사람이 있다면, 그이가 바로 그대의 부처님이시다.

● 가피력 또한 나의 참 마음

부처님의 가피력이란 무엇인가?

무슨 생각이든지 떠오르는 생각에 대고 '미륵존여래불' 하며 아침저녁으로 열심히 금강경을 읽으면, 어디서 왔는지 모르게 상쾌한 느낌과 든든하고 새로운 힘이 솟을 것이다. 이것이 바로 부처님의 가피력이 아니고 무엇인가?

● 원 세우는 마음이 곧 창조주

이 세상이 누구에 의해 주재主宰된다고 생각하지 말라.

칸트가 "이 세상은 내버려진 것이다. 다만 마음을 세운 사람이 찾는 만큼 나타날 뿐이다"라고 했듯이, 이 우주는 무슨 뜻이 있어 이루어진 것이 아니다. 단지 원을 세운 사람이 원을 세운 만큼 뜻을 이루는 것뿐이다.

● 향냄새도 내 마음

공부하는 사람이 정성껏 부처님을 향할 때, 종종 향을 피우지 않았는데도 향냄새를 맡는다. 향냄새는 어디서 온 것일까? 어디서 온 것이 아니다. 바로 부처님께 정성 들인 마음이 향으로 느껴지는 것이다. 전생에 향을 피우며 부처님께 정성 들였을 때와 비슷한 용심이 될 때 향냄새를 맡는 것이다.

● 머리 아픈 것 또한 내 마음

어떤 사람이 자신의 죄를 참회하다가 갑자기 머리에 심한 통증을 느꼈다. 그 통증은 왜 생기는 것인가? 통증은 다름 아닌 참회하는 마음이었다.

이 사람은 전생에도 깊이 참회하다가 '이렇게 죄 많은 내가

살아서 무엇 하나!' 하며 머리를 바위에 부딪쳐 자결했다. 금생
에 죄를 참회할 즈음에, 전생의 기억이 되풀이되며 머리가 아픈
것이었다.

부처님 신통력이란
곧 무심

석가여래가 인도 영산회상靈山會上에 계셨을 때, 그 주위에 여덟 왕이 있었다. 그 왕들이 군사를 각각 일천 명 거느렸다고 하는 기록을 보면, 그들의 영토는 매우 작았을 것이다. 그런데 석가여래의 제자는 그보다 많은 1,250인, 게다가 석가여래는 네 가지 계급을 모두 철폐하였으니 제자의 수효가 얼마나 더 불어날지…, 왕들에게는 큰 골칫거리였다.

왕들은 모여서 회의하였다. 모두 힘을 합쳐 군대를 동원하여 쳐들어갈 수도 있었다. 그러나 그렇게 했다가는 석가여래와 그 제자들이 군사들에게 법문을 하여 "너희가 하는 짓은 옳지 않다"라고 하면 "예, 그렇습니다" 하고 물러 나올지도 모를 일이었다. 그래서 궁리 끝에, 코끼리 오백 마리의 코끝에 칼을 달아 무장시키고 술을 잔뜩 먹여서 석가여래와 제자들이 계신 기사굴 산중에 풀어놓았다.

기사굴에 있던 제자들은 술에 취해 날뛰는 코끼리 떼가 몰

예수님은
법 받은 미륵존여래불

려오자 그만 다 달아나 버렸다. 오직 석가여래와 그의 사촌 동생 아나율만 남았다.

아나율이 남은 것은 그가 장님이기 때문이었다. 그는 왕족으로서 자만심에 가득 차 아무나 보고 반말하여 늘 시비가 많았고 잠도 많이 잤다. 어느 날 석가여래께서 그에게 "잠자는 것은 어두운 연습을 하는 것이다. 잘 때 자고 쉴 때 쉬고 공부할 때 공부해야지, 이건 날마다 잠만 자니, 그래서 어떻게 공부하는가? 내가 들으니 저 벵골만 한복판에 큰 조개가 있는데, 한번 잠들면 삼천 년을 잔다더라. 그러니 네가 그런 종류가 아니겠는가?" 하셨다. 그 소리에 아나율은 분하고 원통해서 7일간 잠을 안 자고 공부하다가 눈이 멀었다. 그 후 석가여래가 그의 마음을 잘 단속하시고 공부하게 하여 그에게 천안통天眼通이 열렸다고 한다.

아나율이 앞이 안 보여서 그랬는지 어쨌는지…, 석가여래 옆에 남아 천안으로 보니 코끼리 떼가 마구 몰려오는데, 석가여래는 두 손을 높이 쳐든 채 태연히 앉아 계셨다. 그런데 곧 놀라운 광경이 벌어졌다. 석가여래께서 높이 쳐든 열 손가락에서 밝은 기운이 나오더니, 그 기운에서 금색 사자가 한 마리씩 모두 열 마리가 나타났다. 코끼리가 제일 무서워하는 것이 사자인데, 더구나 금빛이 번쩍번쩍하는 사자들이 나타나니 코끼리들은 무서워서 그만 주저앉았고, 술기운으로 말미암아 모두 잠들었다. 실컷 자고 나서 술이 깨어 본래의 온순한 코끼리로 돌아가 슬금슬금 다 가버렸다.

코끼리들이 물러가자 아나율이 말하였다.

"부처님께서 제게 누가 뭐라든지 거기 마음 뺏기지 말고 제 마음을 들여다보라고 하셨지요. 제가 조금 전에 보니, 부처님은 호신술이 있어서 두 손만 번쩍 들어도 금색 사자가 나타나던걸요. 그러니 부처님께서는 무슨 일이 있어도 마음만 들여다보면 되겠지만, 우리야 아무리 제 마음을 들여다본들 코끼리가 금방 달려들어 칼로 찌를 텐데요. 그 말씀은 저희한테는 적용할 수 없습니다."

사실 아나율도 그 광경을 보고는 그렇게 말할 만했을 것이다. 석가여래께서 말씀하셨다.

"아나율아, 나는 여러 생을 닦아서 부처가 되었다. 수없이 많은 생을 통해 알던 사람들, 혹은 함께 닦던 사람들을 가르쳐 주어야겠다는 생각이 남아서 내가 이 세상에 온 것이지, 더 닦을 것이 있어서 온 것이 아니다. 너도 내 사촌 동생이어서가 아니라, 여러 생 동안 닦으려 했으나 잘 안되어 그 모양이 됐으니 너를 닦게 해 주려는 것이다. 그런데 아무것도 모르는 코끼리들이 나에게 제도하는 것을 그만두라고 칼을 가지고 몰려드니 어찌하겠느냐. '그럼 마음대로 해라' 하고 두 손을 든 것이다. 그러나 더는 몸을 받을 인연이 없기에 밝은 기운이 일어났고, 그 밝은 기운이 다시는 어두워지지 않는다는 뜻으로 금색이 되었다. 코끼리가 제일 무서워하는 것이 사자이니, 그 금빛이 금색 사자

로 나타난 것이 아니겠느냐. 내게 어떤 호신술이 있어서 신통 조
화를 부린 것이 아니다.”

그 한마음
어떻게 닦나

◉

    보조국사의 『수심결』에 땅으로 인해서 넘어진 자는 땅으로 인해서 일어선다는 표현이 있습니다. 탐진치를 비롯한 각종 분별심으로 인해서 미迷해지고 고통스러워졌다면, 분별심을 소멸하고 해탈하는 길이야말로 행복해지고 밝아지는 길이라 하겠습니다.

    부처님께서 말씀하신 팔만대장경의 각종 법문 또한 모든 문제점이나 고난의 원인은 마음 밖의 것이 아니라 마음속 분별심이라는 일체유심조를 말씀하신 것이며, 그 분별심을 소멸하는 방법을 일러주신 것이라고 요약할 수 있습니다.

예수님은
법 받은 미륵존여래불

그러면 백 박사님은 어떤 방법으로 마음을 닦도록 하셨을까요?

백 박사님의 수도법은 부처님께서 설하신 금강경의 가르침을 그대로 실천하는 것으로 요약할 수 있습니다. 모든 문제점이나 고난은 마음속의 분별심이 만들어낸 작품이며, 문제점이나 고난을 금강경의 실천, 즉 부처님께 바치는 방법으로 해결하는 것입니다.

금강경 3분의 실천인 '부처님께 바치는 법'이 무엇일까요?

실제로 백 박사님의 지도를 받은 저의 경험을 말씀드립니다.

대학을 졸업할 때까지 고생을 알지 못했던 나는 군대 생활을 하며 고통이 과연 무엇인지 그 정체를 실감하게 되었다. 대학 졸업 후 바로 ROTC 장교로 임관하여 전방 소대장으로 복무하였는데, 당시 생활이 너무 고통스러워 처음 일 년은 매일 매일 날짜만 세면서 제대할 날을 기다렸다.

당시에는 그 고통이 주위의 열악한 환경 때문이라고 생각하였지만, 지금 생각해보면 군대에 대한 나의 선입견과 현실이 일치하지 않는 데서 오는 갈등 때문이라 해야 옳을 것이다. 즉, 군대에서 느꼈던 고통은 외부에서 온 것이라기보다는 제 마음의 업장이 불러온 것이다. 그런 깨달음이 없었던 당시에는 군대 생활의 하루하루가 꼭 지옥고를 당하는 것 같았다.

궁하면 통한다던가! 그때 백 박사님을 만나 분별심을 부처님께 바치는 가르침을 받게 되었다. 백 박사님의 가르침대로 군대에서의 각종 괴로운 일을 모두 부처님께 바치니 숨 막히도록 괴로웠던 마음이 한결 편안해졌다. 분별심을 바친다는 것이 이렇게 마음을 편안하게 할 수 있을까! 살맛나지 않는 군 생활에서 비로소 활력을 찾을 수 있었다.

곧 취직해야 하는데, 마음 닦는 공부가 얼마나 사람을 편안하게 하는지 알게 되니 제대 후 마음 닦는 공부를 하고 싶은 생각도 들었다.

제대를 두어 달 남겨둔 어느 날 백 박사님께 여쭈었다.

"제대 후 곧 취직하는 것이 좋겠습니까? 또는 선생님을 모시고 이런 곳에서 잠시나마 공부하는 것이 좋겠습니까?"

"취직하고 싶은 생각이 들면 그 생각을 부처님께 바치고, 이곳에서 공부하고 싶은 그 생각 또한 부처님께 바쳐라."

마침 나에게 호감을 보이는 공장에 취직할 것인지를 곧 정해야 하는 다급한 상황이기도 하였다. 그러나 백 박사님께서는 이런 다급한 상황은 아랑곳하지 않고 느긋하게 말씀하셨다.

나는 취직 또는 수도의 두 갈래 갈림길에서 모든 것을 다 아신다는 선생님의 지혜를 빌려서 답을 얻고자 하였다. 하지만 선생님께서는 지혜를 빌려주시지 아니하고, 네 속에 부처님과 똑같이 아

예수님은
법 받은 미륵존여래불

는 지혜가 있으니 분별심을 바쳐서 네 속에 있는 부처님의 지혜를 찾아내라고 하신 것이다. 기대와는 전혀 다른 엉뚱한 말씀에 참 허탈한 생각이 들었다.

'가피면 가 부좀면 부지, 바치라는 것이 무슨 답변이 되며 해결책이 되겠는가?'

그러나 도인의 말씀에는 무슨 의미가 있을 것으로 생각하며, 서운한 마음을 억지로 가라앉히고 다시 여쭈었다.

"취직하고 싶은 생각도 부처님께 바치고, 공부하고 싶은 생각도 부처님께 바치면 어떻게 됩니까?"

"분별심이 바쳐지면 그대가 곧 알게 되리라."

나중에 부처님께 바치는 공부가 조금 되고 나니 당시에 가부피좀를 말씀하시지 않고 "부처님께 바쳐라" 하신 것이 참 정답임을 알게 되었다.

이로부터 점차 나는 어려운 일이 생겼을 때 누구에게 의지하지 아니하고 그 생각을 부처님께 바쳐서 부처님의 음성을 들어 해결하려고 하였다.

일찍이 어떤 선지식도 밝혀내지 못한 부처님께 바치는 수도법을 금강경 속에서 찾아낸 점, 또 그 수도법을 통하여 깨친 경지를 단계적이고 구체적으로 밝히신 점, 특히 밝아지는 로드맵을 제시하신 점은 오직 백 박사님만의 특징입니다. 백 박사님은 구름 잡는 이야기로 일관된 마음 닦는 세계에서 수도의 명확한 방법론methodology과 닦아가는 로드맵road map을 제시하신 참 밝은 분이라 할 수 있습니다.

다음은 백 박사님의 가르침입니다.

예수님은
법 받은 미륵존여래불

마음 닦는 법

　미륵존여래불을 마음으로 읽어서 귀로 듣도록 하면서 당신의 생각은 무엇이든지 부처님께 바치는 연습을 하십시오. 궁리를 가지면 병이 되고, 참으면 폭발합니다.

　아침저녁으로 금강경을 읽으시되 직접 부처님 앞에서 강의 듣는 마음으로 믿어 들으시고, 실천하여 습관이 되도록 하십시오. 육체는 규칙적으로 일하시고 정신은 절대로 가만 두십시오.

　이와 같이 백일을 일기一期로 대략 10회 지속하면 마음이 열리어 숙명통이 날 뿐 아니라 장래에 사는 걱정이 모두 사라집니다. 이것은 아상이 없어진 연고입니다.

　주의하실 일은 공부 하겠다 하면 탐심, 공부가 왜 아니 되나 하면 진심, 공부가 잘 된다 하면 치심입니다. 이 세 가지 아니하는 것이 수도일진댄, 꾸준히만 하되 아니하지만 마십시오. 고인은 사가이면면斯可以綿綿 불가이근근不可以勤勤이라 했지요.

금강경 독송은
선 수행

경전에 탐진치를 닦으면 마음이 행복해지며 남에게 많이 베풀면 아름다운 결과가 온다고 한다. 또 부처님께서는 "그대들은 어둠 속에 있으면서 어찌하여 등불을 찾지 않느냐?"라고도 말씀하셨다.

이런 경전의 구절을 읽으면 감동하여 마음이 평화로워지는 것 같지만 그 마음은 일시적이며, 실제로 행복해지거나 아름다운 결과가 당장 실행되는 것이 아니다. 마음이 행복해지겠다거나 밝아지겠다는 관념에 젖어 그렇게 생각만 할 뿐, 실제로 행복해지거나 밝아지는 것과는 무관하다.

부처님께서는 아함경 방등경 법화열반경 화엄경 등 모든 경에서 훌륭하고 교훈이 되는 내용, 밝아지는 방법을 말씀하셨다. 그러나 이 경들은 한결같이 줄거리가 있는 이야기로, 읽는 사람의 마음이 행복해지겠다거나 밝아져야겠다는 관념에 붙고 상상력을 발동하게 하여 결과적으로 색성향미촉법色聲香味觸法에 머

예수님은
법 받은 미륵존여래불

물게 한다.

하지만 마음이 이렇게 색성향미촉법에 머무르는 한, 실제로 행복해지고 실제로 밝아지는 일을 실행에 옮기지 못하게 된다.

그러나 금강경은 어떠한가?

금강경은 읽는 사람에게 어떤 관념도 심지 않으며 무엇을 상상하게 허용하지 않는다. 예를 들어 '그대의 모든 생각은 다 잘못된 것이다. 다 잘못된 것으로 분명히 안다면 그는 곧 부처님을 볼 수 있게 되느니라凡所有相 皆是虛妄 若見諸相非相 則見如來'하는 말씀은 읽는 사람들이 어떤 상상이나 관념에 사로잡히지 않게 한다.

즉, 금강경은 마음을 어느 관념에도 붙지 못하게 하여 색성향미촉법色聲香味觸法에 머물지 않게 하고, 실제로 부처님이 그 마음에 머무르게 하는 경임을 알 수 있다.

참선하는 사람들은 스승으로부터 화두를 받는다. 그 화두는 비록 아무 뜻이 없는 것은 아니지만 줄거리가 있는 이야기가 아니어서 어떤 생각이 붙지 못한다. 언어의 길이 끊어지고言語道斷 마음이 전혀 붙지 못한다心行處滅는 선가의 말처럼 어떤 분별을 용납할 수 없는 것이 화두의 특성이다. 화두가 쉽게 해석되고 화두를 들었을 때 상상력이 발동한다면 어찌 깨달음의 도구로서 역할을 하겠는가!

마찬가지로 금강경의 모든 구절구절은 부처님께서 주신 화두와도 같다. 금강경의 모든 내용이 분별심을 붙지 못하게 하여 부처님을 만나게 하는 것과 같으니, 금강경 독송은 다른 경을 독송하는 간경看經 수행과는 다른 선禪 수행이며, 부처님께서 주신 화두를 참구하는 행위이다.

금강경은 당처즉시當處卽時라, 다음이 아닌 지금 이 자리에서 부처님을 만나게 하여 행복한 결과를 당장 실행하고 아름다운 결과를 즉시 실현하며, 밝은 빛을 먼 미래가 아닌 경을 독송하는 순간에 보게 하는 것이다.

예수님은
법 받은 미륵존여래불

탐심, 진심, 치심은
곧 아상

'공부를 어서 하겠다' 하는 마음은 탐심貪心, '공부가 왜 안
되나' 하는 마음은 진심瞋心, '이만하면 됐어' 하는 마음은 치심
癡心이다. 수도는 이런 연습을 하지 않게 하는 공부이다.

공부하는 사람이 주의해야 할 일은 어서 공부하겠다고 성화
하지 않는 것이다. 부산에 가고자 할 때 표를 사서 부산행 기차
에 타면 그뿐, 빨리 가겠다고 기차 안에서도 달린다면 어찌 될
까? 기차 안에서 설치는 마음이 곧 탐심이라 할 것이다.

흔히 말하기를 수도자는 탐심, 욕심내는 마음은 버려야 한
다고 한다. 그러나 탐심을 버린다는 것은 몸뚱이를 버린다는 뜻
으로, 먹고사는 것을 포기하는 결과가 된다. 몸뚱이를 버리는
것은 올바른 수도가 아니다. 탐심은 버리거나 없애는 것이라기보
다 깨쳐야 할 것이다.

탐심을 깨친다는 것은 무엇일까? 부자로 살고 싶다면 헛된
욕심에 들떠 설치지 말고, 자신의 정도에 맞게 실제로 부유하게

살 짓을 실행하는 지혜를 말한다. 수도자는 무소유하여야 한다고 하지만, 재산을 무소유하는 것이 아니라 욕심을 무소유해야 한다. 부처님께 탐심을 바친다는 것은 이 몸뚱이로 세상을 사는데 알맞은 방법을 깨치는 것이다.

진심, 성내는 마음은 반드시 닦아야 한다. 한 번 성내는 것이 백 가지 공덕을 태운다고 옛사람은 경계하였다. 뜻대로 안 된다고 짜증내는 마음, 남을 흉보거나 탓하는 것도 진심이다. 외로움, 슬픔, 맥 빠지는 것, 좌절하고 자포자기하는 마음, 세상을 비관하는 마음도 역시 진심이다. '아니' 하고 부정하는 것 또한 진심의 표현이다. 진심이 나면 지혜가 사라지고 깜깜해지며 단 한 가지 일도 이룰 수 없으리라. 그러나 진심을 부처님께 잘 바치면 결국 못 이룰 일이 없다.

욕심내는 마음과 성내는 마음을 일으킨 결과, 저 잘났다는 생각인 치심을 불러일으킨다. 치심을 닦기 위해서는 자신이 한껏 못난 줄 알고 배우는 마음을 내어야 한다. 자신이 못났다고 하는 것은 몸뚱이 착着, 즉 아상이 못났다고 여기라는 말이다. 자신이 잘났다고 생각할 때 한없이 어리석어지며, 못난 줄 알고 부지런히 배우는 마음을 낼 때 지혜가 임한다. 공자는 부지런히 배우는 마음을 연습하여 나이 40세에 모를 것이 없게 되었다고 한다. 불혹不惑이란 모를 것이 없다는 뜻이다.

예수님은
법 받은 미륵존여래불

물고기의 용심이
주는 교훈

저 깊은 바닷속, 햇빛이 한 점도 들지 않는 암흑 속에 사는 물고기가 있다. 이들은 알에서 깬 지 천 일이 지나면, 세포가 발광 세포로 탈바꿈하여 스스로 깊은 바다의 어둠을 밝히며 살아간다.

어떻게 그와 같이 될까? 주위 암흑으로 인하여, 물고기의 마음이 늘 밝음을 향하기 때문이다.

우리 몸의 세포는 신진대사를 통해 일정한 주기로 바뀐다. 대략 살의 세포가 완전히 바뀌는 데 천 일, 뼈의 세포가 바뀌는 데는 그 세 배인 삼천 일, 뇌의 세포가 바뀌는 데는 다시 그 세 배인 구천 일이 걸린다.

수도자가 여느 사람과는 달리 살결도 부드럽고 청정해 보이는 것은 이와 같은 이유일 것이다.

밝아지는 로드맵

만일 그대가 천 일 동안 방심하지 않고 한마음으로 닦는다면 그대는 지금보다 훨씬 지혜로운 사람이 되어 몸뚱이에 관련된 모든 문제를 해결할 수 있으며, 자기의 몸이 어디에서 왔고 어떤 원인으로 그렇게 구성되었는지를 알게 될 것이다. 이것을 숙명통宿命通이라고 한다.

숙명통이 나서 자신의 전생을 알게 되면 남의 전생도 알게 되는데, 그 정도가 되면 이미 아상이 없어져서 자신과 남의 구별이 사라지기 때문이다. 이때가 탐심이 다 소멸한 때라 할 것이다.

만일 그대가 삼천 일 동안 한마음으로 닦는다면 뼈의 세포가 모두 바뀌고 지혜 또한 성숙하여 자기 마음의 정체를 볼 수 있게 된다. 자기 마음이 어떠한지를 알게 되면 다른 사람의 마음도 알 수 있게 되는데, 이것을 타심통他心通이라고 한다.

마음이 육신에 붙어 있는 것을 흔히 '마음' 또는 '분별심'이라

예수님은
법 받은 미륵존여래불

고 한다. 이것은 온갖 재앙을 일으키는 장본인이지만, 육신에서 벗어난 마음은 '성리性理'라고 한다. 똑같이 마음이라 하지만 그 성질은 매우 다르다. 육신을 벗어난 마음을 보는 것을 고인古人은 '견성見性'이라고 하였다. 견성할 때 비로소 정신과 몸이 건강한, 완전한 사회인으로서 구실을 할 수 있다. 이때가 불평하는 마음인 진심의 뿌리가 다 소멸된 때라 할 것이다.

만일 그대가 구천 일 동안 한마음으로 닦는다면 어두컴컴한 것으로 이루어진 몸과 마음이 모두 환골탈태換骨奪胎한다. 이것을 누진통漏盡通이라고 하는데, 이러한 경지는 여느 사람으로서는 측량할 수 없다. 누진통을 얻은 이의 말과 행동은 그야말로 신통神通이라고 할 수밖에 없다. 이때가 치심의 뿌리까지 다 소멸된 때라 할 것이다.

미륵존여래불 염송

　　마음에 온갖 분별이 올라올 때 그 마음을 부처님께 바쳐야 하지만 잘 안 바쳐지는 경우, 즉 어떤 생각이 수없이 자꾸 올라 오는 경우, 그 생각에 대고 일정 시간 동안 집중적으로 미륵존 여래불을 염*하여라. 미륵존여래불을 염송**하는 것은 분별심 을 부처님께 바치는 또 다른 행위일 뿐이다.

　　예를 들어, 어떤 사람에 대해 몹시 미운 생각이 날 때 계속 궁리하지 말고, 미운 그 얼굴에 대고 미륵존여래불을 염하여라. 그렇게 하면 결과가 두 가지 형태로 나타난다.

　　하나는 분별심이 부처님께 바쳐지면서 '괜히 미워했군' 하는 마음이 드는 경우이다. 이것이 선정禪定이다.

　　또 하나는 분별심이 완전히 소멸하면서 바로 눈앞에 상대방

---

* 　염念, 불경이나 진언, 부처님 명호 등을 조용히 외거나 마음에 품는 일
** 　염송念誦 마음속으로 부처를 생각하면서 불경을 외는 일. 염불 송경.

예수님은
법 받은 미륵존여래불

과의 인연이 소상하게 나타나 그 원인을 알게 되는 경우이다. 이것이 지혜다. 그렇게 되기 위해서는 먼저보다 많은 준비가 필요할 것이다. 이처럼 그 원인까지 확실히 알게 되어야 대뇌 깊숙이 침투한 분별이 녹아, 선입견 없이 세상을 있는 그대로 보게 된다.

분별이 걷잡을 수 없이 쏟아져 바친다는 마음조차 내기 힘들 때는 바친다는 마음도 쉬고 그대로 지켜보기만 하여라. 이것도 힘들 때는 다 덮어 두고 그냥 내버려 두어라.

하루 열두 시간씩만 살아라. 하루 서른 시간, 아니 삼십 년을 살려 한다면 이는 탐심이라! 마음은 더욱 분주해진다.

분별심의 주기성과
수도 기간

미륵존여래불을 염송할 때는 두 무릎을 바닥에 꿇고 허리를 펴서 합장하는 장궤자세가 좋다. 흔히 한 시간을 단위로 하는데, 우리의 분별이 대략 한 시간을 주기로 회전하기 때문이다.

백일기도, 천일기도를 하는 이유는 우리의 분별이 올라오는 주기가 짧게는 한 시간에서 삼 일, 칠 일, 사십구 일, 백 일, 천 일 등으로 회전하기 때문이다.

죄 각각, 복 각각이란 말처럼 복을 짓는 때, 죄를 짓는 때가 주기적으로 회전한다. 전생에 죄지었던 때가 금생에는 재앙을 당하는 기간이 되니, 특히 이때 잘 바쳐야 한다. 죄를 잘 바친다면 다음 주기에 고통당할 일이 훨씬 적어지리라. 그래서 곧 죽을 사람이라도 병(병은 주기적으로 나타나는 재앙)을 고쳐야 한다는 것이다.

예수님은
법 받은 미륵존여래불

깨달음의 전 단계

부처님께 바치는 연습이 숙달되면 마음을 쉬는 시간이 점점 길어지고 멍한 듯 아무 생각 없이 시간이 흐르는 현상이 자주 나타나게 된다. 나중에는 한 생각이 만 년의 세월이 흘러도 움직이지 않는 일념만년종불이一念萬年終不移의 경지에까지 이르게 되는 것이다. 분별이 쉬는 시간은 잠자는 이상으로 몸과 마음을 청소한다.

분별하는 마음이 쉬게 되면, 주위의 분위기를 감지할 수 있는 능력이 발달한다. 만원 버스 안에서 갑자기 마음이 답답해지는 것을 느낄 때가 있는데, 이는 자기 마음이 비었을 때 주위 사람들의 마음이 흘러드는 것을 느낀 결과이다.

내 밑에서 공부하는 이들은 공부하는 과정에서 내가 눈앞에 나타나 법문을 해 주는 체험을 종종 한다. 그들이 내 앞에 오면 내가 분별을 쉰 것처럼 그들의 분별도 쉰다. 자기 마음을 부처님께 바쳐 분별을 쉬게 된 상태가 그 경험과 유사하여, 이 같은 현상이 나타난다. 그러나 이때는 아직 아상이 완전히 사라지지 않은 때이다.

이처럼 마음이 쉴 때 나의 모습을 보거나 음성을 듣는 간접적인 방법으로 지혜가 나타나기도 하지만, 더욱더 마음을 부처님께 바쳐 아상이 소멸하면 형상이나 음성에 의지하지 않고도 알게 된다.

예수님은
법 받은 미륵존여래불

공부하는 사람들이 유념할 것은?

◉

부처님께서 지금 이 땅에 오신다면 어떤 법식을 보이실까요?

깨달은 사람과 깨닫지 않은 사람을 무엇으로 구분할 수 있을까요?

식욕과 성욕이 보통 사람과 다르지 않은 정도라면 그는 깨달은 사람이라 할 수 없습니다. 깨달은 사람, 즉 도인이라면 식욕과 성욕이 본래 없음을 깨달아 담백할 것이고 수면욕 또한 본래 없음을 알아 잠에서도 자유로울 것입니다.

그러나 식, 색, 수면욕을 떠났다 하더라도 성을 잘 내거나 자신을 과시하려 한다면 이 또한 도인이라 할 수 없습니다. 진심 또는 치심이 본래 없다는 것도 깨우쳐야 참 도인이기 때문입니다(實無衆生 得滅度者).

그렇다면 식색食色에 담백하며 모든 희로애락에 초탈한 인격자를 도인이라 하겠습니까?

스님들은 이렇게 보통 사람들이 생각하는 조건을 다 갖추었어도 선지식을 만나 법거량(法擧揚, 선객들 사이에 주고받는 선에 대한 문답)을 잘하지 못한다면 깨달은 사람이 아니라 할 것입니다. 법거량을 잘하고 선문답에 대처할 수 있다는 것은 지혜의 눈이 뜨였다는 뜻이기 때문입니다.

그런데 설사 지혜의 눈이 뜨여 법거량을 잘하고 선禪법문을 잘하는 분이라 하더라도, 중생의 마음속 고뇌를 잘 읽고 이해하지 못한다면 과연 도인이라 할 수 있을까요?

불법재세간佛法在世間 불리세간각不離世間覺이라는 혜능 대사의 말씀과 같이, 깨달은 이의 지혜는 출세간의 도리를 알아야 하지만 세간의 도리도 잘 알아야 할 것입니다. 정치가에게는 정치에 관한 상담을 해줄 수 있을 정도로 정치적인 식견이 있어야 하고, 경제인에게는 경제를 살리는 길을 제시할 수 있어야 하며, 과학자에게는 어려운 우주의 비밀을 푸는 방법을 제시할 수 있어야 합니다. 이와 같은 현실적 문제에 대답할 수 없다면, 아무리 법거량을 잘한다고 해도 올바른 혜안이 열린 법거량이라고 할 수 없을 것입니다.

이렇게 보통 사람이 도저히 나타낼 수 없는 탁월한 능력을 나타내는 사람이어도, 어떤 방법으로 능력을 갖추게 되었는지 근거를 모른다면 그 사람을 도인이라 할 수 있을까요?

이는 마음을 닦아서 얻은 참 실력이 아니라 선천적 능력이라 할 것입니다. 이러한 선천적 능력을 가진 분들은 사람을 교육하는 방법을 모르기에 참 도인이라 할 수 없을 것입니다.

그러나 참 도인은 어떤 방법으로 깨쳤는지를 알기에 다른 사람을 교육하고 밝게 할 수 있습니다. 이러한 모든 조건을 갖춘다면 그를 참 깨달은 사람, 산 부처님이라 해도 좋을 것입니다.

참된 도인이 되는 길은 어떠한가?

공부하는 사람이 유념해야 하는 것은 무엇인가?

참 깨달은 분이라면 올바른 기준을 정할 수 있습니다.

다음은 백 박사님의 가르침입니다.

정법正法과 사법邪法

깨친다는 것은 안다는 것과 같은 의미이며, 이는 분별이 없어진 결과이다. 아는 것에는 두 가지 형태가 있다. 하나는 몸뚱이 착着을 여윈 깨침이요, 다른 하나는 몸뚱이 착이 그대로 남아 있는 깨침이다.

이른바 정법正法과 사법邪法을 구분하는 기준이 있다면, 몸뚱이 착이 남아 있는 깨침은 사법이요, 몸뚱이 착을 벗어난 깨침은 정법이 될 것이다.

또 마음 밖의 무슨 진리를 깨쳤다고 하면 이는 사법이요, 마음이 본래 없는 줄 깨쳤다면 정법이 될 것이다.

자신의 몸뚱이 착이 얼마나 소멸되었는지 알고자 한다면, 종 치는 소리를 들어 보아라. 종소리가 종에서 나오는 소리로 들릴 때, 그대 아상의 벽은 아직 매우 높은 줄 알라.

종소리가 종에서 나오는 소리 같기도 하지만 자신의 소리처럼 느껴질 때, 그대 아상이 상당히 엷어졌다고 알라.

예수님은
법 받은 미륵존여래불

아상이 완전히 소멸되었다면 종소리는 이미 종소리로 들리지 않고 바로 자신의 소리임을 실감하게 되리라. 이때 비로소 종소리를 제대로 듣는 것이다.

무기無記

내가 금강산에 있었을 때의 일이다. 하루는 수좌가 공부 잘하는 도인이 났다고 하기에, 얼마나 잘하는지 물었다.

"얼마나 열심히 하는지 공부 중에 밖에서 벼락이 쳐도 전혀 모르더군요."

공부가 잘된다면 모든 것이 더 분명해져야 한다. 한군데 몰입해서 다른 것을 볼 수 없다면 이는 올바른 공부의 길로 들어선 것이 아니다.

이 도인처럼 한 군데에 몰입하는 행위는 선善도 아니요, 악惡도 아니기에 무기無記라 할 것이다. 공부하는 사람은 마땅히 무기에 빠지지 않도록 해야 한다.

예수님은
법 받은 미륵존여래불

제도濟度

다른 사람에게 부처님 말씀을 포교하고자 할 때는 먼저 포교하겠다는 생각을 부처님께 바쳐야 한다.

부처님께서는 『금강삼매경金剛三昧經』에 다른 사람을 제도濟度한다는 것은 사람을 변화시키는 것이 아니라, 단지 그 사람의 분별심을 쉬게 하는 것이라고 하셨다.

다른 사람의 분별을 소멸시키려면 우선 자신의 분별심이 쉬어야 하지 않겠는가?

자신의 분별심은 가만히 접어두고 다른 사람에게 설법하고 교화하려 한다면 교화는커녕 자기의 더럽고 때 묻은 분별 덩어리를 상대방에게 들씌우는 것이다.

포교하고자 하는 사람은 가능하면 묻는 말에만 대답하라.

윗목에 있는 도반을
호랑이가 물어가도 참견치 말라

　　공부하는 사람은 항상 자신의 마음만을 관찰하고 올라오는 생각을 부처님께 바칠 뿐이지, 남의 마음을 들여다보고 참견하지 말라. 남이라 생각하지만, 사실은 남이 아니라 내 생각일 뿐이다.

　　바로 곁에 있는 도반을 호랑이가 달려들어 물고 간다고 하자. 안타까운 생각에 들떠 어떤 행동을 하려 할 것이다. 그러나 일단 안타까운 생각을 부처님께 바쳐라. 다만 부처님께서 주신 응답에 따라 행동할 뿐, 자신의 판단에 따른 행동은 하지 말라.

예수님은
법 받은 미륵존여래불

아라한은 닦아야 할
업장이 많다

중국에서 있었던 일이다. 어느 날 한 농부가 땅속에서 가부좌한 채 정定에 든 기이한 사람을 발견하였다. 그에게 말을 시키니 그는 수백 년 전의 사람이 아닌가. 그러니까 수백 년 동안을 그 속에서 그렇게 있었다는 이야기인 셈이다. 이 소문은 삽시간에 퍼지고, 수많은 사람이 몰려와 그를 친견하고 예배하였다.

그런데 재미있는 것은 생불로 추앙받던 그가 십 년이 지나지 않아 한 여인과 내통하여 아기를 낳았다는 것이다. 이는 무엇을 말하는가?

올라오는 생각을 눌러 참으면, 그 견디는 힘이 다할 때 반드시 폭발하게 되어있다. 참으면 일시적으로 없어진 듯하지만, 업장의 뿌리까지 없어진 것은 아니므로 언젠가 업장이 다시 발동하게 된다. 이는 완전한 해탈이라고 할 수 없다.

소승小乘의 과를 얻었다고 하는 사람들은 깨쳤다기보다 이처럼 특별한 대상에 정신을 집중하여 다른 생각이 올라오는 것을 눌러 참는 경우가 대부분이다. 눌러 참는 것은 일시적으로 증상만을 소멸할 뿐, 그 뿌리까지 소멸하는 수도법은 아니다.

올라오는 분별심을 완전하게 해탈하려면, 분별심의 뿌리가 본래 없다는 믿음으로 부처님께 부지런히 바쳐야 한다.

예수님은
법 받은 미륵존여래불

미륵존여래불 염송은
선禪 수행

나는 나를 찾아온 이들에게 이렇게 권한다.

"석가여래 앞에서 강의 듣는 마음으로 아침저녁 규칙적으로 금강경을 읽고, 순간순간 올라오는 생각에 대고 미륵존여래불을 하시오."

그들은 말한다.

"아, 그러니까 관세음보살이나 아미타불 대신 미륵존여래불 염불을 하라는 말씀이시군요."

아미타불이나 관세음보살을 염불하는 사람들은 염염불리금색상念念不離金色相, 금색상의 부처님 모습을 한시라도 잊지 않고 생각하며 마음에 그린다.

그러나 미륵존여래불을 염송할 때 부처님의 모습을 마음에 그려서는 아니 된다. 미륵존여래불은 사람이 아니요, 또 다른 어떤 형상도 아니다. 일체 마음에 그리지 말라.

또 미륵존여래불 염송은 종래의 염불과는 다르다. 마음속에 붙들어 매어 한순간도 잊지 않고 생각하는, 착득심두절막망著得心頭切莫忘이 아니다. 탐심, 진심, 치심의 분별심이 올라올 때만 그 분별심을 해탈하기 위하여 그 분별심에 대고 미륵존여래불할 뿐이다.

심하게 분별이 올라올 때 그 분별심에 대고 한 시간이나 두 시간 동안 미륵존여래불 정근을 할 수 있지만, 부처님 명호에 몰입하지 말라.

미륵존여래불 염송은 모르는 마음을 아는 마음으로 바꾸는 행위요, 염불 수행이 아닌 선禪 수행이기 때문이다.

예수님은
법 받은 미륵존여래불

자신의 업장만을
볼 뿐이다

어느 겨울 아침 배달하는 아이가 신문을 가져왔다.

"바깥 날씨가 꽤 차지?"

"아유, 정말 화가 나서 견딜 수가 없어요. 이렇게 추운데 하루도 빠짐없이 신문을 넣어 주었건만, 글쎄 석 달째 신문 대금이 밀린 집도 있다니까요."

나는 그저 날씨만 물어보았을 뿐인데….

누구든지 제 소리만 하고 제 업장만 볼 뿐이다. 사물을 대할 때 자기 업장으로 탁 덮어씌워서 보기 때문에 사물의 정체를 바로보기 어렵다. 나무를 보아도 분별심으로 보는 것이지, 나무를 제대로 보는 것이 아니다. 제 생각에 흠뻑 빠진 중생은 아무리 좋은 것을 코앞에 놓아도 전혀 알 수 없다.

누구나 제 업장만큼만 볼 수 있기에, 자신의 업장을 소멸하기 위해서는 반드시 스승이 필요하다.

공부하고자 하는 사람은 마땅히 선지식을 찾아야 한다.

현실이라고 하지만
자신의 마음이다

금강산을 보고 어떤 사람은 산봉우리가 뾰족뾰족하고 마치 창검처럼 날카롭다고 보지만, 다른 사람은 시원시원하고 씩씩하다고 본다. 이처럼 같은 대상을 다르게 보는 것은, 대상이 아니라 보는 사람의 마음이 다르기 때문이다.

숙종 때의 학자 송시열이 금강산 구경을 갔다. 그는 구룡연 폭포 앞에 서서 이백오십여 척이나 되는 높다란 산봉우리에서 굉음을 내며 쏟아져 내려오는 은빛 물기둥과 물보라를 보고, 마치 산이 찡그리고 물이 성내는 것과 같다고 시를 읊었다.

같은 시대 사람인 허미수 역시 구룡연 폭포를 두고 시를 지었다. 그러나 그는 송시열과는 달리 폭포의 물기둥과 물보라가 너울거리는 한 폭의 비단 같다고 했다.

같은 폭포를 두고 두 사람은 어떻게 그리 다르게 보았을까?

송시열은 마음에 진심(성내는 마음)이 있었기 때문에 폭포에서 두려움을 보았던 것이며, 그 진심이 원인이 되어 말년에는 사약

예수님은
법 받은 미륵존여래불

을 받고 죽었다.

허미수는 마음이 평화로웠기 때문에 폭포를 평화스럽게 보았던 것이며, 평화스러운 마음 씀씀이처럼 그의 일생 또한 평화로웠고 재앙이 없었다.

이처럼 같은 모양을 보고 듣고 말하는 것이 다른 이유는 제 마음이 각각 다르기 때문이며, 그 마음이 자신의 운명을 결정하는 것이다.

일초직입여래지는
부처님 경지

　참선하는 이들 중에는 일초직입여래지—超直入如來地라는 말만 믿고 자신도 어느 순간 갑자기 깨달을 것으로 생각하는 사람이 적지 않다. 그러나 이는 준비가 많이 된 도인 같은 사람의 경계일 뿐, 누구나 할 수 있는 일이 아니다. 설사 확 터져 깨쳤다고 한들, 준비가 아니 된 사람의 눈에 불가사의한 부처님의 살림살이가 다 보일 리 있을까. 장님이 눈을 떠도 색깔을 구분하려면 삼 년이 걸린다고 한다. 일초직입여래지의 경지를 자신도 실행할 수 있다고 생각하는 사람은 탐심이 많은 사람이라 할 것이다. 빨리 도통하겠다는 욕심을 버려라. 내가 도통하겠다고 하지 말고 도통도 부처님 시봉을 위해서 하겠다고 한다면 어떨까?

　정신은 절대로 가만히 두고 몸뚱이는 규칙적으로 움직여야, 몸과 정신이 건강해지고 마음이 안정되어 차츰 지혜가 드러나게 된다. 그런데 이와 반대로 몸은 한가하게 두고 욕심에 사로잡혀 정신은 들들 볶는다면, 이는 밝은 길을 등지고 사는 것이다.

예수님은
법 받은 미륵존여래불

증삼曾參이 주는 교훈

공자의 제자 중 증삼이 가장 예절이 바르고 양심적이었다. 사람들은 증삼을 테스트해보고 싶었다. 아무리 마음이 곧고 예절이 바르다고 하여도 돈을 좋아하지 않을 사람이 있을까?

사람들은 증삼이 다니는 길목에 꽤 많은 돈과 글을 함께 놓아두었다.

'하늘이 이 돈을 증삼에게 주노라.'

양심이 바른 증삼은 거액의 돈을 봐도 누군가 가지라고 하지 않는 한 그냥 취하지는 않을 것으로 생각했기 때문이다.

증삼은 길에 놓인 돈과 글을 보고 잠시 생각하였다. 그리고 이렇게 썼다.

'증삼은 이 돈을 받을 복이 없노라.'

수도하는 사람도 증삼과 같은 마음이어야 한다. 아무리 도통이 좋다고 하여도 받을 준비 없이 탐욕으로 도통을 가질 수 있겠는가?

복을 짓고 혜를 닦아서 받을 준비를 하여야 할 것이다.

예수님은
법 받은 미륵존여래불

금생에 이루려면
아상이 없어야

아상이 있으면 내생에서나 이루어지는 일이요, 아상이 없으면 지금 이 자리에서 이루어지는 일이다.

어떤 사람이 재산을 몽땅 털어 예수재豫修齋를 지냈다. 예수재란 생전에 복을 받고 죽은 후에는 좋은 곳에 가기 위해 지내는 재다. 그런데 생전에 복을 받기는커녕, 당장에 먹고살기도 어려운 형편이 되고 말았다. 그 사람은 예수재를 지냈다는 생각이 사라지는 내생에나 복을 받게 될 것이다.

그 사람이 만일 복을 받겠다는 이기심을 다 부처님께 바치고, 무심으로 예수재를 지냈다면 어떠했을까?

당장 그의 마음에 부처님의 광명이 임하고, 부처님이 그와 함께하실 것이다. 천하에 두려울 일이 하나도 없게 될 것이요, 못 이룰 일이 하나도 없다는 자신감이 들 것이다.

그 사람의 마음에 재산을 다 바쳤다는 아상이 남아 있는 한, 부처님과는 멀어진다. 부처님과 온전히 함께하지 못하니, 그가 바라는 바를 적어도 금생에 이루기는 어렵다.

예수재를 잘 지내고자 하는 사람은 우선 복을 바라는 마음
부터 부처님께 잘 바쳐야 한다.

예수님은
법 받은 미륵존여래불

돈오법 수행은
누구나 하는 것이 아니다

　어느 정도 수도가 된 사람은 이 세상을 떠나기 사흘 전에 자신이 어떻게 세상을 떠나게 되는지 알게 되어 미리 준비하는 경우가 있다. 이것은 임종이 가까워지며 수도하겠다는 아상이 쉬기 때문에 나타나는 지혜이다. 만일 좀 더 수도가 되었다면 훨씬 전에도 알 수 있다.

　이렇게 세상을 다 알고도 몸뚱이를 삼 년 이상 유지하여, 다음 생에서는 배우지 않아도 태어날 때부터 무엇이든지 다 알게 되는 것이 생이지지生而知之이다. 바로 육조 혜능 대사가 그런 분이시다. 그래서 스님께서는 제 마음속에 선지식이 있어서 단박에 깨닫게 된다고 말씀하신 것이다.

　이러한 육조 스님의 경계를 여느 사람이 흉내 내서 단번에 깨치려고 한다면, 그 일이 과연 이루어지겠는가?

　자신의 마음을 들여다보면 선지식이 아니라 온갖 탐욕과 악심으로 그득하니, 우선 그 마음부터 닦아야 하지 않을까?

도인과 유사 도인

칸트는 전생에 금강산에서 스승을 모시고 수도하던 중이었다. 그가 모시는 스승은 도통하신 분으로, 많은 사람이 그를 찾아왔다. 칸트 생각에 도통했다면 여느 사람들과는 무언가 크게 다를 것인데, 스승에게는 특별한 것이라곤 보이지 않았다.

'사람들이 몰려오는 것을 보면 도통하긴 하였나 보다. 사흘만이라도 도통하여 그 세계가 어떻게 생겼는지 구경이라도 해보았으면…'

이 한 생각이 원인이 되어 다음 생에 칸트로 태어난 그는, 세상의 이치를 탐구하는 철학을 공부하여 마침내 사흘 동안 도통하였다. 칸트가 도통하고 보니 세상이 그대로 훤히 알아졌다. 그는 한 삼 년이면 그 경지를 글로 다 옮길 수 있을 것으로 생각했으나, 사흘이 지나자 다시 캄캄해지고 말았다. 그 바람에 그 경지를 기억해내서 글로 옮기는 데 무려 십일 년이 걸렸다. 『순수 이성비판』은 그렇게 해서 나왔다.

예수님은
법 받은 미륵존여래불

도인에는 두 형태가 있다. 하나는 탐진치를 닦아 밝아진 경우이며, 다른 하나는 칸트와 같이 전생의 소원으로 유사類似 도인이 되는 경우이다.

아는 사람의 형태도 두 가지이다. 탐진치를 닦아서 아는 경우, 그 사람의 행동에는 탐진치가 없다. 전생에 '알았으면' 하고 원해서 아는 경우, 그 사람의 행동에는 탐진치가 있다.

어느 쪽이 완전히 아는 것인가?

부처님을
대하는 마음

부처님이 어떠한 분인지 마음에 그리지 마라.

미륵존여래불은 다음에 오실 부처님이니 사람이니 하는 분별 또한 갖지 말고 그냥 미륵존여래불 정진하여라. 흔히 아미타불을 염송하는 사람들은 수염이 텁수룩한 사람을, 관세음보살을 염송하는 사람들은 예쁜 여인을 마음에 그리게 되어, 다음 생에 텁수룩한 영감이나 예쁜 여자의 몸을 받게 된다.

부처님은 우주의 마음이다. 형상이 없는데 상상하는 것은 곧 제 마음이니 주의할 일이다.

'부처님 나를 좋게 해주십시오' 한다면 거지 마음이요 좁은 마음이다. 그러나 '부처님 시봉 잘하겠습니다' 한다면 부자 마음이요 넓은 마음이다. 어느 쪽을 택하겠는가?

예수님은
법 받은 미륵존여래불

잠에 대한 착도
줄여야 한다

    탐진치는 곧 식색食色으로 압축된다. 또 식색은 먹고食 자는 것睡眠으로 압축된다. 따라서 먹고 자는 착을 해탈하게 될 때 큰 자유가 올 것이며 지혜롭게 되리라.

    밤중에 의식을 잃고 잠에 빠지는 것을 해탈하기 위해서는 밤새껏 눕지 않고 금강경을 읽는 연습을 하여라. 그러나 이와 같은 수행은 초보자에게는 적합하지 않다. 상당 기간 수행하여 몸뚱이를 조절하는 능력이 생겼을 때 시작하는 것이 좋다.

    밤새도록 금강경을 읽으면서 자신도 모르게 잠이 들지언정, 일부러 잠을 청하지는 말아라. 이것이 습관이 되면 점차 어둡다거나 밝다는 구분이 없어지고, 깨어있는 상태와 잠들어 있는 상태가 다르지 않게 된다. 그리고 모른다는 분별심이 사라지고, 아는 마음으로 바뀐다.

    평소 금강경을 많이 읽으면 금강경의 법력에 의해 점점 읽기가 수월해지고 재미가 나며 기분이 상쾌해져서 재앙이 소멸되는 것을 느낄 수 있다.

　새벽 3시는 문수보살님이 법문하는 시간이다. 이때 일어나서 금강경을 읽을 수 있다면 더 좋다.

예수님은
법 받은 미륵존여래불

무언가 알아질 때
마음이 들뜨고 흔들리기 쉽다

어느 수도승이 방에서 공부하는데 산 너머 묵정밭에 노루가 잠자는 광경이 훤히 보였다. 일찍이 체험하지 못했던 일이어서 매우 신비스러웠다. 분명히 노루가 자는 광경이 나타났는데, 그게 사실인지 확인하고 싶었다.

그는 방에서 나와 개울을 지나고 둑을 넘어 묵정밭에 갔다. 과연, 노루가 잠자고 있었다. 그는 스스로 너무 신통하고 대견스러워서 "맞는구나!" 하고 냅다 소리를 질렀다. 그 소리에 놀라 잠이 깬 노루가 후다닥 달아나 버렸다.

수도하며 무엇인가 알아져도, 그것 역시 부처님께 바칠 뿐 절대로 가지지 마라. 수도하는 사람이 처음으로 뭐가 보이거나 알아질 때 마음이 들뜨고 흔들리기 쉽다. 이때 얼른 바쳐라. 그럴 때 밝은 스승을 만나 옳은 길을 제시받으면 좋을 것이다.

절대 세계로의 진입은
공경심으로

신라 때 열두 살 먹은 아이가 중국에 가서 글을 배웠는데, 어찌나 잘했는지 중국이 당시 신라 임금에게 내리던 벼슬이 은자광록대부銀紫光祿大夫였던 것에 비해, 그가 스물네 살에 귀국할 때 벼슬은 금자광록대부金紫光祿大夫였다. 그러니까 신라 임금보다 벼슬이 한 등급 더 높아져서 왔다는 뜻이다. 이분이 바로 한문 잘하기로 유명한 최치원(통일 신라 문장가(857~?), 자는 고운孤雲) 선생이다. 지금도 경상남북도에서는 한문을 잘하고 싶으면 고운 최치원 선생의 『사산비명四山碑銘』을 자꾸 읽으라고 한다.

해인사의 어느 중이 한문을 잘하려고 『사산비명』을 자꾸 읽었다. 한 백여 일 읽었는데, 하루는 흰 수염이 길게 늘어진 노인이 지팡이를 짚고 나타나 한참 보더니 그에게 말을 걸었다.

"지금 무엇을 읽고 있느냐?"

"『사산비명』을 읽고 있소."

"누가 지은 것인고?"

예수님은
법 받은 미륵존여래불

"최고운이 지었소."

그러자 노인은 더 말하지 않고 사라져 버렸다. 그렇게 읽기를 다시 백여 일 하자, 먼저 그 노인이 나타나 똑같이 말을 붙였다. 중이 먼저와 마찬가지로 최고운이 지었다고 하니, 노인은 다시 사라졌다.

노인이 세 번째로 나타났을 때였다.

"무엇을 읽느냐?"

"『사산비명』이오."

"누가 지은 것인데?"

"최고운이 지었소."

"이놈아! 그래, '최고운 선생님이 지었습니다' 하면 어디가 덧나느냐?"

노인은 호령하더니 사라졌다.

이 중은 자기가 한문을 속히 배울 욕심만 있었지, 가르쳐 주는 이에 대한 고마움이나 공경심은 하나도 없었던 모양이다. 그때 노인이 지팡이를 들어서 그의 머리를 건드렸는지 어쨌는지, 그 후 그는 멍청해져서 '최고운, 최고운' 하고 중얼거리며 돌아다녔다고 한다.

이것은 무엇을 말하는가?

이 중이 백여 일 동안 『사산비명』을 잘 읽었던 모양이다. 시공을 초월하여 최치원과 한마음이 되었으니 이는 절대의 세계에 들어선 것이라 하겠다.

　　절대의 세계에 들어갈 때는 아무 분별심을 내면 아니 된다.
오직 공경심만이 용납된다. 절대의 세계에서 분별심을 가지면
우주의 처벌이 뒤따른다.

절대 세계의 특성

아는 마음의 세계는 모르는 마음의 세계와는 사뭇 다르다. 모른다는 분별이 없어지면 환희심이 나고 세상이 별것 아닌 듯 느껴지는데, 이때를 대비하여 평소 행실이 남 보기에 이상하지 않도록 연습해 두어야 한다. 여느 때 행동 단속에 게을렀던 사람은, 자신으로서는 지극히 자연스럽지만 다른 사람이 깜짝 놀랄 행동을 거침없이 할 염려가 있기 때문이다.

알아지는 것이 최종 목표는 아니다. 궁금하거나 답답한 마음이 있어서 알아야 할 일도 있고 알아지는 현상도 나타나는 것이다. 알아야 할 일도 없고 알고 싶은 마음도 없다면 그 마음은 그냥 열반의 경지다. 항상 변치 않고(常) 즐거운(樂) 그것이야말로 참 '나(我)'인 조촐한 경지다. 이 부처님의 경지는 무엇을 요구하는 자리가 아니다. 타협은 없고 오직 지시만 있을 뿐이다.

어떤 방법으로든 다만 한순간만이라도 우주의 광명이 임한다면 무조건 '시봉 잘 하겠습니다' 하여라. 우주의 광명은 타협이나 용서가 없다. 오직 지시만 있을 뿐이다. 우주의 광명을 체험할 때 아무 분별심을 내지 마라. 만일 '내가 이러한 경계를 얻었다'라는 분별심을 낸다면 뒤따르는 것은 우주의 처벌이다.

예수님은
법 받은 미륵존여래불

선지식

●

세상에서 가장 힘든 공부가 무엇일까요?

소년이노 학난성少年易老 學難成 일촌광음 불가경一寸光陰 不可輕이라는 주자朱子의 말처럼 학문은 이루기 어렵습니다. 스포츠의 달인이 되기 위해서도 피나는 노력을 기울여야 합니다.

학문의 큰 성과를 거두는 것은 혼자 힘으로 거의 불가능하기에 훌륭한 지도자를 만나야 하며, 스포츠의 달인이 되려 해도 탁월한 능력을 지닌 코치를 만나야 가능합니다. 나라가 부강해지려면 출중한 리더십을 갖춘 지도자를 만나야 합니다. 하지만 자격이 불충분한 지도자를 만나면 부강한 나라도 영락(零落, 살림이 줄어 보잘

것 없게 됨)의 길을 걷게 될 것입니다. 어떤 지도자를 만나느냐에 따라 학문이나 스포츠는 물론 나라의 흥망성쇠도 크게 영향을 받습니다. 전문성이 요구되는 분야일수록 지도자의 영향은 더욱 크다고 하겠습니다.

그 어느 분야보다 고도의 전문성이 요구되는 분야가 있다면, 그것은 가본 사람이 거의 없는 영적 세계, 즉 마음 닦아 깨달음을 얻는 공부의 세계입니다.

그 세계에서는 머리로만 공부하는 사람은 지도자가 될 수 없음은 물론이고 공감하는 정도만으로도 지도자가 될 수 없습니다. 영적 세계의 맛을 확실히 보고 실감하였으며 교육할 수 있는 사람만이 참 지도자, 즉 선지식이 될 수 있습니다.

이처럼 마음 닦는 길에 반드시 스승이 필요하기에, 혜능 대사를 비롯하여 고금의 선지식들은 한결같이 반드시 선지식이 필요하며, 혼자서 공부해서는 도저히 밝아질 수 없다는 것을 강조하셨습니다.

선지식의 필요성을 절대적으로 강조한 글을 읽으며 모든 사람이 세세생생 선지식 만나 부처님 시봉 잘하기를 기원해 봅니다.

예수님은
법 받은 미륵존여래불

부처님은 아니 계시다
선지식이 나의 부처이다

참선하는 사람들은 참선이 난행문難行門이지만 밝아지는 지름길이며, 염불은 이행문易行門이지만 밝아지기 어렵다고 한다. 다른 수도법을 주장하는 사람들은 자신이 주장하는 방법만이 밝아지는 데 가장 지름길이라고 주장한다.

그러나 밝아지는 지름길인 수도법은 없다. 선지식이 지도하면 지름길이 되고 결국 밝아지지만, 선지식이 아닌 사람이 지도하는 수도는 지름길이 아닌 것은 물론, 밝아질 수도 없다. 참선도 염불도 모두 도인이 시키는 수행이어야 밝아질 수 있다.

위병을 앓던 스승에게 화두를 받아서 참선하는 수좌가 있었다. 수좌는 화두를 참구하며 스승처럼 위병에 걸리고 말았다.

같은 화두로 수행하더라도 도인이 주셨다면 결과는 판이할 것이다. 제자들은 공부하며 마음이 늘 화두를 주신 스승에게 향해 있는지라, 자신도 모르게 스승을 닮게 된다.

도인이 준 화두라야 깨칠 수 있다.

수도를 제대로 하려면 반드시 밝은 스승을 만나야 하리라.

예수님은
법 받은 미륵존여래불

도인이 주신 염불

함경도 어디쯤에서 일어났던 일이다. 산골 마을에 과부 둘이 함께 살았다. 젊은 나이에 과부가 된 여자가 외아들을 혼인시켰는데, 그만 첫날밤에 아들이 죽었다. 같은 신세의 시어머니와 며느리가 서로 함께 위로하며 살면 좋으련만, 현실은 그렇지 않았다. 욕구 불만이 쌓인 두 마음이 부딪치니 미움과 증오로 집안이 늘 시끄러웠다.

시어머니는 나이 칠십이 넘자 걱정거리가 하나 더 생겼다.

"극락이라는 게 있다는데 죽으면 거기에 가야 할 텐데…."

그러던 어느 날, 밖에 나갔던 시어머니가 희색이 만면해서 돌아왔다.

"아이고 얘야, 이제 난 죽으면 극락에 갈 수 있게 되었다. 고개 넘어 바닷가를 지나오는데, 묘향산에서 오셨다는 잘생긴 스님 한 분을 만났지 뭐냐. 그래서 그분께 어떻게 하면 극락에 갈수 있는지 여쭈지 않았겠니. 그랬더니 가르쳐 주시더라. 그저 자나깨나 항상… 뭐라더라… 어이쿠, 큰일 났네. 잊어버렸어. 이를 어쩌나….”

노파는 펄쩍 뛰며 안타까워하였다.

그러지 않아도 죽으면 극락에 가겠다고 설치는 시어머니가 은근히 얄미웠던 며느리는 내심 아주 고소하였다. 그래서 짐짓 시치미를 떼고 거드는 척하였다.

“거참, 안타깝게 됐네요. 그런데 제가 가만히 생각해 보니, 그 스님께서 틀림없이 뒷집의 김 영감님을 부르라고 하셨을 거예요.”

남편도 없이 시집살이한 분풀이를 하고 싶었다. 무식한 시어머니는 듣고 보니 그런 것 같기도 하였다.

“그래. 맞다 맞아. 네 말대로 뒷집의 김 영감님이라고 하셨어.”

그날부터 집에서는 늙은 과부가 뒷집의 김 영감을 부르는 소리가 그치지 않았다. 자나깨나 김 영감님을 부르던 늙은 과부가 마침내 임종을 맞게 되었다. 그 순간에도 뒷집의 김 영감을 뇌까리는 시어머니를 보고 미안한 생각이 들었지만, 차마 고백할 용기가 나지 않았다.

그런데 어찌 된 일인가! 시어머니가 숨을 거두자마자 서쪽 하늘에서 밝은 빛이 뻗쳐 오더니 과부네 오막살이를 대낮같이 밝게 에워싸는 것이 아닌가! 뒷집의 김 영감님을 부르던 과부는 그 밝은 빛에 싸여 서쪽 하늘로 사라졌다. 말하자면 서방 정토

예수님은
법 받은 미륵존여래불

에 극락왕생한 것이다.

　바닷가에서 늙은 과부에게 '나무아미타불'을 가르쳐 주었던 스님은 서산 대사라고 전해지는데, 어떻게 이런 일이 생길 수 있을까?

　노인네가 입으로는 비록 뒷집의 김 영감님을 불렀지만, 마음은 온통 자신이 만났던 스님에게 향해 있었던지라, 그 스님 정도만큼 밝아질 수 있었다.

도인이 계신 절의
부처가 영험하다

조선 중엽, 평안도에서 국경 수비 대장으로 있던 이괄이 반란을 일으킬 틈을 엿보고 있었다. 생각 같아서는 곧장 서울로 쳐들어갔으면 싶은데, 아무리 보아도 묘향산이 마음에 걸렸다. 이괄은 묘향산부터 손아귀에 넣기로 작정하였다.

그로부터 얼마 뒤, 묘향산 큰절 뒷방에 거처하던 노장 스님이 불공을 맡은 부전 스님에게 일렀다.

"내일쯤 손님이 올 것이다. 손님이 부처가 밥을 먹느냐고 묻거든 '네, 잡수십니다' 그래라. 얼마나 잡수시느냐고 묻거든 한 분이 오백 석씩은 잡수신다고 대답해라."

'이 노장 스님이 느닷없이 무슨 소리를 하시나?'

부전 스님은 의아하였다.

이튿날 꼭 그맘때였다. 부처님께 사시(巳時 오전 9~11시경) 마지를 올리기 위해 밥을 지어 바치고 종을 치던 참인데, 불쑥 평안 병마절도사 이괄이 나타났다. 이괄은 법당 문턱에 떡 버티고 서

예수님은
법 받은 미륵존여래불

서 불경스러운 말투로 물었다.

"부처가 밥을 먹느냐?"

스님이 가만히 생각하니, 어제 노장 스님이 일러 준 말이 떠올랐다.

"네, 잡수십니다."

'옳지, 잘되었다. 등상 부처가 밥을 먹긴 어떻게 먹나. 이젠 트집 잡을 일이 생겼구나.'

이괄은 내심 좋아하며 물었다.

"얼마나 잡수시느냐?"

"한 부처님이 오백 석씩 잡수십니다."

"그렇다면 곧 쌀 이천오백 석을 씻어 밥을 짓도록 하여라."

이괄은 이제 트집 잡을 일이 생겼으니 묘향산을 샅샅이 뒤져 사람들을 다 죽이면, 먼저 서울로 가서 밀고할 사람도 없을 것이니 잘되었다고 생각했다. 그래서 이천오백 석이나 되는 쌀로 밥을 지어서 불기佛器에 담아 법당에 가져갔다. 그런데 이상스럽게도 등상 부처가 손을 뻗치더니 불기를 톡 쳐서, 입을 딱 벌리고 밥을 쏟아 넣는 것이었다. 그렇게 자꾸 집어삼키는데, 삽시간에 오백 석이 거의 다 없어졌다. 쌀만 손해 봤지, 일은 틀린 셈이었다. 이괄 일행은 그냥 가버렸다. 그들이 떠난 뒤, 노장 스님이 말하였다.

"큰 불공이 들었지 뭐냐. 아주 잘됐어. 그러나 이제부터 한 삼 년은 찬밥을 먹어야 하니, 밥때가 되거든 물을 끓여 놓고 법당 뒤에 가 보거라. 우리 먹을 만큼씩 있을 테니, 그걸 갖다 끓여 먹도록 해라."

그래서 그 절에서는 삼 년 동안 대중이 찬밥을 먹었다.

이 노장은 대체 어떤 분이었을까?

여기서 우리가 알 수 있는 것은 절에 모셔져 있는 등상불이 영험한 것이 아니라, 도인이 계신 절의 부처님이 영험하다는 것이다.

예수님은
법 받은 미륵존여래불

버릇없는 아이를
올바르게 키우려면

집안에서 버릇없는 아이를 바르게 키우려면 부모의 노력만으로는 쉽지 않다. 부모와 자식이 한집에서 서로 마음을 들여다보고 꾸짖는 마음을 연습하게 되어 업보 해탈을 할 수 없기 때문이다. 부모와 자식 간에 전생에 맺은 업보가 해탈되지 않는한, 부모 속을 썩이는 못된 자식의 버릇 또한 고칠 수 없게 되리라.

어떻게 하면 못된 자식의 버릇을 고칠 수 있을까?

도인이 계시면 그 아이를 도인이 계신 도량으로 일시 출가시켜 교육하는 것이 좋다. 그 아이는 도인 곁에 머무르며 도인이분별심을 쉰 것처럼 분별심이 쉬게 되어서, 부모와 맺은 업보가해탈되고 부모 속 썩이는 나쁜 버릇을 고치게 된다.

도인 곁으로 자식을 보낸 부모는 어떻게 변하나?

자식을 도인 곁으로 보낸 부모도 자식을 생각하다 보면 자연스레 그 마음이 도인을 향하게 되어, 온갖 분별심이 소멸하고

자식과의 업보가 해탈되기에 재앙이 소멸됨은 물론 그 마음까지
도 바뀔 수 있으리라.

예수님은
법 받은 미륵존여래불

훌륭한 도반은
곧 선지식

우리나라에 금선대라는 명칭을 가진 곳이 세 군데 있다. 그 중 한 곳이 묘향산 금선대이다.

옛날 이곳에서 두 스님이 열심히 수도하였다. 그러던 어느 날 한 스님이 그만 수도 생활에 싫증이 났다. 그동안 실컷 닦았으니 수도는 좀 쉬고, 한양이라는 곳이 어떻게 생겼는지 구경이나 한번 하고 와야겠다고 생각하였다.

말이 한양 구경이지, 실은 퇴타심이 난 것이다.

스님은 부랴부랴 짐을 꾸려서 한양으로 길을 떠났다. 묘향산에서 나와 박천을 지나 어느 푸줏간 앞을 지나게 되었다. 우연히 푸줏간을 들여다보니, 한 젊은 백정이 날카로운 칼로 한참 고기를 바르고 있었다. 난생처음 보는 광경이었다. 하도 신기하여 넋을 잃고 바라보니, 날랜 손놀림으로 뼈와 뼈 사이 구석구석 붙어 있는 살점까지 깨끗이 발라내는 백정의 솜씨가 혀를 내두를 정도였다.

'옳거니, 저 백정이 뼈마디 구석구석까지 살점을 발라내듯이 그렇게 철저히 마음도 닦아야겠구나!'

생각이 여기에 미치자, 스님은 철저히 닦는 것을 배우기 위해서 즉시 몸을 버리고 그 푸줏간 집의 아들로 태어났다. 마침 젊은 백정이 아내를 맞이하여 아기를 간절히 원하던 때였으므로…. 아상이 많이 닦인 순수한 마음의 소유자는 한 생각에 빠지면 즉시 일이 성사되는 법이다. 푸줏간 아들로 태어난 스님은 자라서, 소원대로 고기 다루는 일을 하게 되었다.

퇴타심은 이렇게 무서운 것이다. 철저히 닦기 위해서 백정이 되었다지만, 언제 다시 발심해서 공부할 기약이 있겠는가? 그래도 그에게 아직 선근은 남아 있었다.

한편, 묘향산에서 수도를 계속하던 스님은 세월이 흘러 어느덧 팔십여 세가 되었다.

'곁에 누가 있어야 죽으면 시체라도 거두어 줄 텐데…. 한양 구경 떠난 스님은 영 돌아오지 않으려나? 떠난 지 벌써 이십여 년이 되었는데도 소식이 없는 걸 보면 분명히 무슨 일이 생긴 게지.'

스님이 정定에 들어 관찰해보니, 그 스님은 멀리도 못 가고 박천 언저리에서 푸줏간 백정으로 일하는 것이 아닌가! 스님은 그를 찾아 나섰다. 과연! 박천을 지나 한양으로 가는 길목 푸줏간에서 열심히 고기를 다루는 젊은이가 있었다.

'흐음, 그래. 한양 구경도 못 해보고, 겨우 푸줏간 백정이 되

예수님은
법 받은 미륵존여래불

었구먼.'

마음 닦아서 도를 깨쳐야 할 사람이 고기 다루는 일에 빠진 것이 측은하고 안타깝기도 하여, 스님은 그를 다시 발심시키기로 하였다. 스님은 푸줏간 앞에서 크게 세 번 목탁을 두드렸다. 목탁 소리를 들은 젊은 백정은 제정신이 들며, 자신의 전생을 기억해냈다. 이것은 백정 스님이 전생에 쌓아놓은 선근이라 할 것이다. 그는 즉시 칼이며 도마며 고기를 다 내던지고 스님을 따라나섰다. 집에서는 훌훌 털고 나가는 아들을 붙잡을 엄두도 못내고 멍하니 보고만 있을 뿐이었다. 그도 그럴 것이, 본래 그 푸줏간 집과는 아무런 업보가 없었던 지라 감히 붙잡지 못한 것이다.

묘향산으로 가는 길, 새파란 젊은이와 머리가 허옇게 센 노장 스님이 서로 반말하며 박장대소를 하니, 지나가는 사람들은 눈이 휘둥그레졌다. 그러나 사건의 전말을 아는 두 사람은 아무런 격의 없이 대화를 나누었다.

도반은 큰 선지식이었다. 선지식이 도와주지 않았다면 퇴타심을 낸 스님은 여러 생 고생을 면하기 어려웠을 것이다.

세세생생 선지식 모시고 부처님 시봉, 밝은 날과 같이 복 많이 짓기를 발원하여야 한다.

어머니를 제도하다

나는 여러 생 중노릇을 하며 마음을 닦았다. 어느 생인가 한 상좌가 매우 곰살맞게 내 뜻을 잘 받들었다. 그러나 차츰 나이를 먹어가며, '이것 해라, 저것 해라'라고 잔소리가 심해지는 것이었다. 나는 참다못해 소리쳤다.

"네가 내 상좌냐, 내 부모냐?"

비록 홧김에 한 소리였지만, 여러 생 닦은 도인의 한마디는 그냥 결정이 되는 법이다. 나는 그 한마디 인연으로 금생에 그의 자식으로 태어났는데, 알고 보니 아버지 어머니가 모두 전생에 제자들이었고 나의 부모가 되기에는 복이 부족한 사람들이었다.

내가 수도에 뜻을 두기 시작하자 아버지가 먼저 세상을 떠났다. 그 이듬해 어머니마저 세상을 떠나게 되었다. 열한 살 먹은 나와 누이동생 둘만 남겨놓은 어머니는 세상을 떠나기엔 마음이 너무나 아팠을 것이다.

예수님은
법 받은 미륵존여래불

한 맺힌 어머니의 혼은 멀리 가지 못했다. 지극히 사랑하는 아들인 내 등에 붙었다. 그때부터 나는 까닭 없이 등이 종종 아프기 시작하였는데 수도를 잘하면 아픈 것이 사라지고 수도를 잘 못하면 등이 더 아프곤 하였다. 원체 업보가 지중하여 등 뒤에 붙은 지 40여 년 만에 비로소 천도될 수 있었다.

나에게 태어날 인연이 있었으면 내 자식으로 태어났을 텐데, 그런 인연이 없기에 지금 ○○의 자손으로 태어난 것이다. 수도인의 등 뒤에 오랫동안 붙어서 함께 공부하였기에 태어날 때부터 총명하였으며 명문 E 여고와 S 대학을 졸업한 재원才媛이 되었다.

아상이란
무엇인가

◉

   부처님께서는 여자가 둘만 있어도 성불한 사람은 아무도 없었을 것이라고 말씀하셨습니다. 남녀 간의 애욕이 그 어떤 것보다 가장 닦기 힘들다는 표현이라 하겠습니다. 공자님 또한 일찍이 여자보다 공부를 좋아하는 사람을 만나지 못했다고 하였습니다. 남녀 간 애욕의 본능이 참 강하다는 표현입니다.

   어느 수도자가 애욕을 닦는 어려움을 다음과 같이 표현하였습니다.

   가장 넘기 어려운 고개가 정情의 고개라고……제불보살도 그

예수님은
법 받은 미륵존여래불

고개를 넘으면 후유! 하고 한숨을 쉬며 이제는 여부與否없이 성불하게 되었다고 안도를 느낀다고 하지 않습니까?

하늘 높은 고개라도 수고와 시간만 아끼지 않으면 넘을 수가 있고 원수나 맹수가 기다리고 있는 준령이어도 목숨 하나의 대가만 치르면 거뜬하게 넘어갈 수 있지만, 정情의 고개는 제일 달콤하고 매혹적인 고개로서 육체와 혼을 다 바쳐도 넘겨주지 않고 대가 없이 넘으려면 원한이라는 독물의 해독으로 발병이 난다고 합니다. 매혹에도 빠지지 않고 원한의 해독도 피할 수 있는 힘은 오로지 생사를 초월한 정진력뿐인 것 같습니다.

성불사상成佛思想에는 모든 불보살들도 정情의 고개에서 굴러 굴러 떨어져서, 넘고 넘고 또 넘어 거의 성불에 이르렀던 그 공적이 그만 수포로 돌아가게 되어, 넘고 넘었던 그 극수적※인 고개를 또다시 넘지 않으면 안 되는 고통을 겪게 된 일이 수없이 많이 있지 않습니까?※※

이렇게 애욕은 참 닦기 어려운가 봅니다. 그러나 그런 애욕이 본래 있는 것이 아니라 없다는 믿음으로 수행한다면 결국 없앨

※　극수적極數的 : 여기서는 '수많은'이라는 뜻으로 쓰임
※※　김일엽, 『청춘을 불사르고』, 김영사, 2016

수 있다는 것입니다. 이것을 금강경 3분에서는 실무중생 득멸도 자實無衆生 得滅度者로 표현하였지요.

금강경 공부로 이토록 넘기 어려운 애욕의 세계를 해탈하신 분의 이야기를 들어봅니다.

예수님은
법 받은 미륵존여래불

음탐심을 깨쳐야 도인

몸뚱이 착着과 아상과 음탐심은 결국 다 같은 말이다. 아상
(我相, ego)에서 탐심貪心, 진심嗔心, 치심癡心이 나오는 것이다.

어렸을 때 절에 가면 소변보는 측간에 둥그런 고리가 달려
있었다. 소변 나오는 물건은 더러워서 차마 손댈 수 없으니 고리
에 넣고 소변을 보라는 것이었다. 그것이 불결하다거나 성스럽지
못하다거나 혹은 부끄럽다고 감추는 마음의 근거는 대체 어디에
있을까?

자기 마음에 음탐심이 있기 때문이다. 알고 보면 세상 모든
일이 이 음탐심에서 비롯된다고 보아도 과히 틀리지는 않으리
라.

그러나 음탐심이 일어난다고 하여 그 생각을 기피하거나 혐
오해서는 안 된다. 그 생각을 눌러 참으려 해서는 더욱 안 된다.

재가자와 출가자의 기준이 무엇인가?

음탐심을 깨친 사람은 비록 재가자라 하여도 출가한 것이나 다름없고, 음탐심을 깨치지 못하면 출가해도 속가俗家에 있는 것이나 다름없다.

예수님은
법 받은 미륵존여래불

재가자인 충국사,
출가자인 신수 대사

중국 역사에는 여자 임금이 딱 한 사람 있다. 바로 당나라 측천무후다.

측천무후는 훌륭한 남자를 곁에 두고 국정에 대한 의견을 듣고 싶었지만, 아무래도 주위의 눈총이 두려웠다. 그래서 그녀는 좋은 꾀를 생각해냈다. 당대의 덕망 높기로 유명한 두 스님을 궁궐로 초대하였다. 충국사忠國師와 신수神秀 대사였다. 함께 있으려면 조금이라도 여색을 탐해서는 안 되겠기에, 측천무후로서는 두 스님 중에 좀 더 여색에 초연한 스님을 고르려고 하였다.

측천무후가 두 스님을 떠보았다.

"스님도 때로는 여자 생각이 나십니까?"

충국사는 "우리는 절대로 그런 일이 없습니다"라고 답하였다. 그러나 신수 대사는 "몸뚱이가 있는 한 그 생각이 없을 수 없겠지만, 다만 방심치 않을 뿐입니다"라고 하였다.

두 스님의 얼굴빛으로 보기에 충국사는 분별심이 있을 것 같은 데 전혀 없다고 하고, 신수 대사는 분별심이 전혀 없을 것 같은 데 있다고 하니, 참으로 알 수 없는 노릇이었다.

측천무후는 두 스님을 목욕탕으로 들여보냈다. 그러고는 반반해 뵈는 궁녀 몇을 홀딱 벗겨서 때를 닦아 드리게 하였다. 그래 놓고 자신은 목욕탕 꼭대기 유리문을 통해서 스님들을 관찰하였다.

그런데 이게 어찌 된 일인가! 절대로 여색에 동하지 않는다던 충국사는 몹시 흥분하여 어쩔 줄 몰라 했고, 몸뚱이 착이 없을 수 없다던 신수 대사는 여여如如, 조금도 달라짐이 없었다.

충국사가 우리는 절대 그런 일이 없다고 한 것은 남을 꾸짖는 말이니, 성내는 마음이다. 성내는 사람은 음탐심이 없을 수 없다.

측천무후는 '물에 들어가니 길고 짧음을 알겠더라(入水에 見長)' 하는 시를 짓고, 이후 신수 대사를 늘 곁에 모시고 국정을 의논하였다.

측천무후와 함께 있게 된 신수 대사는 무엇이 잘 되었고 무엇이 안되었나?

여왕 곁에서 잠시도 방심할 수 없이 몸뚱이 착著을 닦아야만 했으니 그것이 참 잘 되었고, 임금 곁에 있어 자유롭게 수도할 수 없으니 그것이 안되었다.

자신의 몸뚱이 착을 다스릴 수 있어야 상대를 다룰 수 있다. 남자가 여자를 다룰 수 있으려면, 여자와 한방에서 자더라도 마음이 동하지 않도록 몸을 다스릴 수 있어야 한다.

예수님은
법 받은 미륵존여래불

음탐심이 없는 사람은
성내지 않는다

일본 임제종의 중흥조인 백은白隱 대사의 이야기이다. 백은 대사를 존경하는 한 신도의 딸이 동네 청년과 정을 통하여 임신하였다. 아버지가 이 사실을 알게 된다면 자신의 생명이 무사하지 않을 것으로 생각한 딸은, 출산일이 가까워져 오자 아기 아버지가 백은 대사라고 둘러대었다.

백은 대사를 지극히 존경하는 아버지에게는 청천벽력과도 같았다. 너무나 흥분한 나머지 딸의 이야기를 잘 따져보지도 않고 갓 태어난 아기를 백은 대사에게 내동댕이치면서 소리쳤다.

"스님이 아이를 책임지시오."

정말 흥분하여 펄펄 뛸 사람은 처녀의 아버지가 아니라 백은 대사가 아닐까? 그러나 백은 대사는 흥분하지도 않았고 내 아이가 아니라고 부정하지도 아니하였다.

도인으로서 모든 명예가 일순간 사라질 위기에 어찌 백은 대사는 태연할 수 있었을까?

그의 마음속에는 음탐심이 없었기 때문이다.

백은 대사는 묵묵히 그 아이를 받아 고이 키웠다. 만인의 존경을 받던 백은 대사는 졸지에 도인으로서의 명예를 상실하고 치한이 되어버렸다.

몇 년이 지나 처녀와 아버지는 죄를 깊이 참회하고 아이를 데리러 왔다. 백은 대사는 아무 말없이 고이 키운 아이를 내주었다. 정이 많이 들었음직한 아이를 아무 말없이 고이 내줄 수 있었던 것 또한 음탐심이 없기 때문이었다. 과거의 명예가 회복됨은 물론, 많은 사람이 백은 대사를 더욱더 진심으로 존경하게 되었다.

음탐심이 없는 사람은 성내지 않는다.

'아니' 하지도 않는다.

예수님은
법 받은 미륵존여래불

본능, 천성이란
본래 없다

금강산에 입산 출가하여 일심으로 수도하기를 10년, 세상에서는 본능이라 어쩔 수 없다는 남녀 간의 성 문제에 대해 별다른 느낌을 가지지 않게 되었다. 이제는 남녀를 구분하는 성이라는 말에 대하여 도리어 혐오를 느낄 정도로 바뀌었다.

세상 사람들은 남녀의 애정은 본능이니 천성이니 하여 도저히 고칠 수 없는 것으로 알지만, 사실 본능이란 오래 해서 아니할 수 없게 된 것이요, 천성이라 하는 것도—이것을 혼魂이라고도 하지만— 늘 익혀서 능숙하게 된 일, 곧 습관화된 것일 뿐이다.

사실 천성(또는 천품天稟)이란 본래부터 있었던 것이 아닌데 세상 사람들은 본래 있었던 것으로 오인하고 있다. 혼魂이 마음인데, 마음이 조석으로 변한다면 혼魂인들 어찌 달라지지 않겠는가?

부처님께서 가르쳐주신 마음 닦는 공부로 본능을 좌우할 수 있고, 천성을 임의로 고칠 수 있다.

혼적魂的인 사랑을 여의어야 사랑의 본체, 즉 일체 애력愛力, 곧 혼과 천성을 부리는 힘을 얻게 된다.

혼적 사랑이란 소위 남녀 간에 참된 사랑이나 부모 자식 간의 자비로운 사랑이다. '너의 병을 내가 대신 앓아주마, 너의 죽을 목숨을 내 목숨으로 바꾸어 주마' 하는 칙살맞은 정이며, 아주 작고 좁은 정이다. 내 사랑, 내 부모, 내 자식만 아는 상대적인 그 사랑은 장차 원수가 되는 날이 오게 된다.

이런 혼적 사랑의 단계를 뛰어넘어 일체 애력愛力을 얻은 불교의 스승과 제자, 지혜의 동지들은 혹시 타락하는 동지가 있으면, 서로 제도하기 위하여 아무 조건 없이 천만 목숨이나 천 년 고생도 아랑곳하지 않을 것이다. 이것이 대아적大我的 사랑이요, 평등적 자비이다.

음탐심을 깨친 사람은 남과 여가 평등하고, 친함親과 친하지 않음疏에 구분이 없고 승僧과 속俗이 다르지 않게 보인다. 생활이 모두 불법이요, 번뇌가 보리가 된다.

예수님은
법 받은 미륵존여래불

음탐심을 소멸하면
다 알아진다

동국대학교에서 나와 소사(현 경기도 부천)의 한 야산에 머무를 때였다. 공부하겠다고 찾아온 청년들이 하나둘 모여들어 자연스럽게 수도장이 되었다.

어느 날 수도장에 출가하여 공부하는 한 청년이 우유 통을 들고 내려오는데, 얼굴이 몹시 불안해 보이고 상기되어 있었다. '어째서 표정이 저렇게 일그러져 있을까?' 하고 생각하는 순간 바로 알아졌다.

어젯밤 이 청년은 저녁 공부가 끝나고 곧바로 잠자리에 들었다. 그날따라 한방을 쓰던 두 사람이 잠들지 않고 이런저런 이야기를 나누었는데, 잠을 청하던 그 청년은 두 사람의 이야기가 귀에 몹시 거슬려 잠을 잘 수가 없었다.

"여기 자주 오는 보살이 누군가?"

"신심 좋은 보살이겠지. 선생님을 지극히 공경하는 보살이야. 선생님께서 이 법당을 지으실 때 모든 재산을 팔아 보탰다고 하던데."

"단순히 신심 좋은 보살이 아니야. 사모님일 거야."

"그럴 리가 있나. 그 보살이 사모님이라면 어찌 '선생님, 선생님' 할까."

"선생님이라고 할 수도 있지. 하여간 나는 처음부터 사모님이라고 믿고 있었어."

"글쎄, 도인도 부인이 있을 수 있겠지. 청정 비구라야 깨닫는다는 법은 없으니까."

청년은 도서히 잠을 이룰 수가 없었다. 이 청년은 '도인은 반드시 청정 비구여야 한다'라는 확고한 생각이 있었고, 처자식이 있는 사람은 도저히 밝아질 수 없다고 믿었기 때문이다. 스승이 청정 비구라고 믿고 출가 수도를 결심하였던 청년은 밤새도록 잠을 이루지 못하고 '내일이라도 집으로 돌아갈까 말까' 고민하였다. 그리하여 얼굴이 몹시 상기된 것이었다.

나는 이 청년의 마음을 알고, 안정시키고 싶었다. 왜냐하면 그는 여러 생 벼러서 이 도량에 왔고 지금은 꼭 공부가 필요한 시기이기 때문이었다. 내 입에서는 저절로 큰 소리가 나왔다.

"어이, 이 사람, 어젯밤 큰 것 하나 깨쳤군."

이 소리를 들은 그 청년은 일그러졌던 표정이 갑자기 밝아졌다. 나는 가까이 다가가 그에게 말을 걸었다.

예수님은
법 받은 미륵존여래불

"두 녀석은 지껄이는데 너는 잠이 오든, 아니 오든? 두 녀석이 지껄이는 소리가 그들의 생각이냐, 참말이냐? 그 소리를 들을 때 분별심을 내고 궁리했니, 또는 부처님께 바쳤니?"

여기까지 이야기하니, 그 청년은 내가 자신의 마음을 훤히 다 알고 있는 줄 알고 비로소 대답하였다.

"궁리했습니다."

"궁리했더니 네 몸이 파괴될 것 같지 않던?"

"그렇습니다."

"그러면 어떻게 해야 하니?"

"궁리를 따라가지 말고 부처님께 그 생각을 바쳐야 합니다."

"궁리를 부처님께 바치면 네 마음이 어떻게 될까?"

"안정됩니다."

"마음이 안정되고 편안해지면, 그다음은 어떻게 해야 할까?"

"그 안정된 마음까지도 부처님께 바쳐야 할 것입니다."

"안정된 마음도 부처님께 바치면 어떻게 될까?"

"선생님께서는 다 알게 된다고 말씀하셨습니다."

"그렇다. 다 알게 될 때까지 그 마음을 바쳐야 한다. 그때에는 두 녀석이 지껄인 소리가 정말 옳은지 아닌지 잘 알게 될 것이다. 그런데 너는 왜 모르게 되었는지 아느냐?"

"잘 모릅니다."

"깨끗한 것은 아주 좋아하고 지저분한 것은 몹시 싫어하는 마음 때문에 모른다."

"깨끗한 것을 좋아하고 지저분한 것을 싫어하는 마음이 안 좋은 것입니까?"

"그 마음이 바로 음탐심이다."

"그런 것도 음탐심이라면, 음탐심을 어떻게 소멸합니까?"

"내가 소멸하겠다 하면 잘 이루기 어려우리라. 모든 사람이 음탐심을 해탈 탈겁하여 부처님 전에 복 많이 짓기를 발원하여라."

그 청년은 스승에 대한 공경심을 회복하여 다시 공부에 전념하였다.

예수님은
법 받은 미륵존여래불

불이법을
실천하는 사람들

◉

　백 박사님(이후 선지식이라 표현)을 만나 금강경으로 공부하기 전까지 불교와 그리스도교를 완전히 다른 종교로 보았습니다. 불교는 무신론이요 자력 종교인 반면 그리스도교는 유신론이요 타력 종교로 보았습니다. 선지식을 만나 마음 닦는 공부를 하고 분별심을 소멸하게 되면서 생각이 바뀌었습니다.

　'마음속 탐진치를 닦고 이름에 얽매이지 않게 하는 가르침인 금강경을 공부하여 깨달은 사람이 있다면, 불교와 그리스도교를 다른 종교로 보지 아니할 것이다.'

　금강경을 공부하여 깨달음을 얻은 사람은 기독교니 불교니 하

는 이름을 따라가지 아니할 것입니다. 금강경 가르침대로 불응주
색생심不應住色生心하며 불응주성향미촉법생심不應住聲香味觸法生
心할 것입니다. 불교나 기독교의 내면의 뜻이 무엇인가를 살펴서
'상대적 가치'인 이름에 연연하지 않고 그 '절대적 가치'가 무엇인
가를 볼 것입니다. 보통 사람들은 그리스도교는 유신론이고 불교
는 무신론이라 이름 짓지만, 깨달은 이는 이름만으로 다른 종교라
판단하지 않을 것입니다. 사람들이 제 분별대로 지어 놓은 이름에
속지 않습니다. 가까이 보지 아니하고 멀리 보는 것입니다. 가까이
보면 달라 보여도, 멀리 보면 실은 다르지 않으며 둘이 아닌 것으
로(불이사상 不二思想) 볼 수 있습니다. 멀리 본다는 것은 문자에 집
착하지 않고 그 참된 가치만을 보는 것으로서, 말하자면 불립문자
不立文字라 할 수 있습니다.

성경에서 사람을 사랑하라는 것은 금강경에서 아상을 없애라
는 것과 다르지 않다고 봅니다. 하늘나라가 그대 마음속에 있다
는 성경의 말씀은 모든 것을 마음속에서 찾으라는 일체유심조一
切唯心造의 진리와 일맥상통합니다. 종교는 사람을 위해서 있지, 사
람이 종교를 위하여 있지 않다는 것은 그리스도교도 신본주의神
本主義가 아님을 의미하는 것입니다. 우상을 숭배하지 말라는 것
은 관념에 집착하지 말라는 의미라고 봅니다.

"너희가 나 때문에 모욕을 당하고 박해를 받고 터무니없는 말

예수님은
법 받은 미륵존여래불

로 온갖 비난을 받으면 복이 있다. 너희는 기뻐하고 즐거워하여라. 하늘에서 받을 너희의 상이 크기 때문이다."(마태복음5:11~12)

이 구절을 금강경 16분의 내용으로 설명하여 봅니다. 마태복음 5장에서 '나'는 금강경 독송, 비난을 받는 것은 약위인경천若爲人輕賤, 큰 상을 받는 것은 당득아누다라삼먁삼보리當得阿耨多羅三藐三菩提로 볼 수 있습니다. 모두 문자에 집착하지 아니하고 뜻으로 그 의미를 해석할 수 있는 것입니다.

또 나는 길이요 진리요 생명이니 나를 따르는 자는 영생을 얻고 나를 따르지 않는 자는 멸망을 얻으리라는 표현에서 '나'는 아상의 나가 아니라 불교에서 말하는 참나眞我임을 압니다. 이처럼 수도를 잘한 밝은 이는 세상의 이치도 훤히 꿰뚫고, 성경 해석도 더 잘 할 수 있습니다.

금강경을 잘 공부하면 '너'니 '나'니 이름 지어 구분하지 않고 불이법不二法을 실천하며, 상대적 가치에 집착하여 그 절대적 가치를 잃지 않습니다. 또한 불교와 그리스도교를 다른 종교라 이름 짓거나 다른 가르침으로 보지 않습니다.

다음은 불이법에 관한 백 박사님의 가르침입니다.

불이법不二法이란?

　　임마누엘 칸트의 『순수이성비판』에, '종합적 즉각'에 대해서 쓴 것이 있다. 우리 마음은 경험이나 궁리로 분석하지 않고도 종합해서 느닷없이 그냥 알아지는 능력을 갖추고 있다는 것이다. 예를 들어, 여기 다섯이라는 관념과 일곱이라는 관념이 있다고 하자. 이들은 현실에 근거한 관념인데, 둘을 합치면 다섯하고도 관련이 없고 일곱하고도 관련이 없는 열둘이라는 새로운 관념이 나온다. 이 또한 부인할 수 없는 현실의 한 덩어리다. 그 것은 우리의 경험이나 생각으로 유추하는 결론이 아닌, 있는 그대로의 또 다른 현실이다. 그러므로 우리의 마음은 있는 현실을 종합해서 또 다른 현실을 그냥 아는 능력이 있다고 하여 종합적 즉각이라고 표현한 것이다.

　　마음이 밝아지면 나와 너의 구분이 없어지고 진리니 비진리니 하는 분별심도 사라진다. 동양과 서양을 구분하는 분별심도 사라지며 이들이 모두 다르지 않음을 알게 된다. 모든 구분이란

예수님은
법 받은 미륵존여래불

밝지 못해서 발생하는 것이기 때문이다. 분별심이 사라진 사람이 보면 동양의 성현들이 말하는 '지혜'와 서양식 표현인 '종합적 즉각'이 하나도 다르지 않은 것이다.

　도통한 이들의 판단은 과거의 경험을 분석(Analytic aposteriori)하는 것이 아니라 종합적 즉각(Synthetic apriori)으로 이루어지며, 그것은 느닷없이 나온다고 말할 수밖에 없다.

아상이 없는 사람에게
적과 친구가 다르지 않다

　　서양의 철학자 중에 칸트는 '나'라는 생각이 별로 없는 밝은 사람이었다. 독일과 러시아의 접경지대에 있는 조그만 마을에서 태어나 거기서 평생을 살았던 그는 재미있는 일화를 많이 남겼다.

　　칸트는 비가 오나 눈이 오나 날마다 일정한 시간에 어김없이 산책하였다. 마을 사람들이 그의 산책 시간을 기준으로 시계를 맞출 정도였다. 칸트가 젊었을 때였다. 친구와 함께 산책하는데 갑자기 어떤 사람이 식칼을 들고 덤벼드는 것이었다. 친구는 놀라서 황급히 몸을 피하였다. 그러나 칸트는 미동도 하지 않고 칼을 들고 덤비는 사람을 향해 조용히 말하였다.

　　"오늘은 금요일이요."

　　그러자 어찌 된 일인지 그는 갑자기 공손해졌다.

　　"선생님, 실례했습니다."

　　그는 칸트에게 고개를 숙여 보이고는 가 버렸다. 숨어서 이

1
7
4

예수님은
법 받은 미륵존여래불

광경을 본 친구가 놀라워서 칸트에게 어떻게 된 일인지 물었다.

"놀랄 필요가 없지. 그 사람은 푸줏간 주인인데, 나를 소로 착각해서 칼을 들고 쫓아온 것이야. 내가 오늘이 금요일인 것을 알려 주자 무육일(기독교에서 고기를 안 먹는 날)임을 알고 제정신을 차린 것이네."

아상이 없는 사람은 어떤 상황에서도 지혜롭게 대처할 수 있다.

길흉吉凶이
둘이 아니다

옛날, 중국에서 북방 이민족의 잦은 침략에 대비하여 외몽고와 중국 국경 사이에 걸쳐 새재라고 하는 요새를 만들었다. 몽골군이 자주 쳐들어오는 지역이어서, 타고 도망갈 수 있는 말이 많을수록 부자로 통하였다.

어느 날, 이 마을에 한 노인이 애지중지하던 말을 잃어버렸다. 마을 사람들이 찾아와서 노인을 위로하였다. 그런데 노인은 덤덤한 어조로 말하였다.

"내가 이 세상을 겪어보니 언짢은 일 뒤에는 반드시 좋은 일이 생깁디다. 그러니 좋은 일이 생길지 누가 알겠소."

아니나 다를까, 얼마 후 잃어버렸던 말이 다른 말까지 데리고 집으로 돌아왔다.

사람들은 집에 말 한 필이 더 생겼으니 경사가 났다고 하였다. 노인은 이번에도 덤덤한 어조로 말하였다.

"글쎄, 좋은 일 뒤에는 혹 언짢은 일이 따를 수 있으니 기다

예수님은
법 받은 미륵존여래불

려 봐야지요."

　노인의 둘째 아들이 말이 한 필 늘었다고 좋아하며 타고 돌아다니다가 낙상하여 다리가 부러졌다. 사람들이 노인을 위로하였다. 역시 노인은 덤덤하였다.

　"글쎄, 좀 두고 보지요."

　어느 날 몽골군이 쳐들어와 마을 젊은이들이 군대로 징발되었다. 그러나 노인의 둘째 아들은 군대에 나가지 않아도 되었다. 다리가 부러졌기 때문이다.

　변방에서 사는 노인이라도 가만히 앉아 자신에게 닥친 일을 잘 들여다보면, 길吉과 흉凶, 화禍와 복福이 다르지 않다는 지혜는 터득하는가 보다.

천주교와 불교가
다르지 않다

　　동국대학교 총장이었을 때 학교 일로 종종 천주교 신도나 수녀들과 만나게 되었는데, 그러는 동안 자연스럽게 친해져서 나중에는 서로 속사정을 털어놓기도 하는 사이가 되었다.

　　어느 날, 수녀 한 분이 하소연하였다. 몸과 마음을 다 천주께 바칠 것을 서약하고 수녀가 되었지만, 아직 몸뚱이 착着을 벗어나지 못한 인간이기에 그들만의 사회에서 빚어지는 마찰과 갈등 때문에 몹시 힘들다는 것이었다. 폐쇄적인 사회여서 그런지 좀처럼 시기와 질투와 증오가 끊이지 않는데, 더욱 괴로운 것은 성직자라는 신분 때문에 가슴 밑바닥에서 끓어오르는 추악한 감정을 차마 드러내지 못하고 속으로만 끙끙 앓는 모순 속에 살 때가 많다는 것이다.

　　수녀는 물었다.

　　"어째서 근심 걱정이 생기며, 소멸 방법은 무엇입니까?"

　　"선입견에서 근심 걱정이 생기고, 선입견이 소멸할 때 근심 걱정은 사라집니다.”

“어떻게 하면 선입견을 소멸할 수 있겠습니까?”

“내 말을 믿고 그대로 따라 하면 당신의 마음은 틀림없이 평화와 안정을 되찾을 수 있을 것이오. 할 수 있겠소?”

“하겠습니다.”

“내일부터라도 아침저녁으로 금강경을 읽으시고 밉다는 생각, 괴롭다는 생각 혹은 그 밖의 어떤 생각이 일어나도, 그 생각을 부처님께 다 바치십시오.”

그러자 수녀는 눈이 동그래졌다.

“아유, 총장님도…. 아무리 그렇지만, 가톨릭 수녀인 제가 어떻게 불교 경전을 읽고 부처님을 찾을 수 있겠습니까?”

“나를 믿고 찾아왔다면 내 말을 믿어보십시오. 가톨릭의 가르침이 부처님의 가르침과 다르다고 보는 것은 모두 선입견에서 생긴 것이오. 금강경이란 무슨 경인 줄 아시오? 부처님을 믿으라는 경이 아니오. 모든 선입견이 다 허망하니 버리라는 가르침일 뿐이요. 이런 가르침은 불교 신자뿐 아니라 기독교 신자가 받들어도 좋은 가르침일 것이오.”

“부처님께 바친다는 것은 무슨 뜻입니까?”

“부처님이 형상이 없는 것은 마치 하나님이 형상이 없는 것과도 같소. 근심 걱정을 모두 부처님께 바치면 근심 걱정이 사라지고 결국 ‘나’라는 존재까지 없어지게 되지요. ‘나’라는 존재가 없어지면 불교나 가톨릭이 하나도 다를 것 없이 느껴지게 될 것이오.”

예수님은
법 받은 미륵존여래불

세상에서는 예수님이 누구인지 잘 모른다. 기독교인들은 더욱 모른다. 불교를 믿는 사람 중에 미륵불을 염송하는 사람들이 후생에 기독교 신자로 태어나는 경우가 많다.

예수님은 알고 보면 법(수기)을 받은 미륵존여래불이다.

석가여래 회상會上에서 삼천 년 뒤에 미륵불이 되리라는 수기를 받은 이후, 미륵보살에게는 부처가 되어 중생을 제도하겠다는 생각 이외에 더 닦아야 할 분별심이 없었다.

부처가 되겠다는 한 분별심을 해탈하는 기간이 삼천 년이라고 할까?

그동안 미륵보살은 그 한 생각을 닦기 위해 여러 번 몸을 받았는데, 예수님의 몸이기도 하였고 마호메트의 몸이기도 하였다. 그이는 예수님의 몸이 되어서도 중생을 제도해야 한다는 한 생각 때문에 십자가를 지고 고통을 받았다.

예수님
최후의 깨달음

예수님은 태어날 때부터 모든 것을 다 아는 사람生而知之이었다. 다른 사람의 마음을 꿰뚫어 볼 수 있으며, 먼 곳에서 무슨 일이 일어날지 아는 능력이 있었다.

이스라엘의 어린 예수님은 이미 수백 년 전 인도에 부처님이 출현하신 것을 알고 있었다. 여러 생 전부터 중생 구제의 뜻을 세운 예수님은 이스라엘 사람들의 제도를 위하여 힘이 더 필요하다는 것을 알았다.

때가 되자 어린 나이에도 가족을 등지고 머나먼 동쪽 나라 인도로 향하였다. 당시 인도에는 부처님의 가르침을 수행하여 크게 깨친 밝은 도인들이 많이 있었다. 예수님은 인도에서 수도를 하며 중생 제도를 위한 힘을 키웠다.

수도가 무르익어 거의 부처님 경지에 이르게 된 어느 날, 예수님은 자신이 이제 돌아갈 때가 되었음을 알았다. 이스라엘에 인연이 있는 많은 중생, 헐벗고 핍박받는 사람들을 구제하여야 했다. 물론 이스라엘에서 수많은 인연을 제도하기 위해서는 십자가에 못 박히는 고통쯤은 감내해야 한다는 것을 그도 이미 알고 있었다.

십자가에 못 박힐 때가 되었다. 사지四肢에 못이 박히는 순간에도 그는 태연하였고 고통은 충분히 견딜만하였다. 그러나 마지막 가슴에 못이 박히는 순간에 이르러서는 예수님같은 분도 감당하기 어려웠던 모양이다.

가슴에 못을 박으려는 사람을 보는 순간, 그의 마음은 폭풍이 몰아치듯 흔들렸다. 그러나 막상 가슴에 못이 박힐 때에는 홀연히 마음이 고요해지며 안정되었다. 부처님 광명이 임하는 순간이라 할 것이다. 예수님은 이때 못에 박히는 몸이 자신과 관련이 없는 몸임을 알게 되었다.

마음이 흔들렸으나 못을 박는 사람과 못에 박히는 예수님 자신과의 업보로 인因함을 알게 되었기에, 최후의 순간에도 의연하게 기도할 수 있었다.

"모든 사람들이 서로 싸워 죄짓지 말고 그 바라는 한 마음을 부처님 전에 바쳐, 환희심 내어 시봉 잘하기를 발원."

예수님은
법 받은 미륵존여래불

부처님께서 아시듯
우리도 다 알 수 있다

"예수님은 법 받은 미륵존여래불이다. 미륵불을 염송하는 사람은 후생에 기독교인으로 태어난다."

이렇게 말하면 사람들은 백 박사는 수도를 참 잘해서 보기 드문 깨달음을 얻었다고 할까?

또는 거짓말이다, 혹세무민한다고 할까?

무엇을 주장하여도 단지 자신의 선입견을 말하는 것뿐이며, 그것이 사실인지 아닌지는 그들 자신도 잘 알지 못한다.

부처님께서는 금강경에 "모든 판단, 선입견이 다 잘못된 것이다(凡所有相 皆是虛妄)"라고 말씀하셨다. 사람들이 금강경의 말씀대로 자기의 생각, 판단, 선입견 등이 얼마나 하잘것없는 줄 깨치게 된다면 이 세상엔 단 하나도 '옳다 그르다' 할 것이 없음을 알게 될 것이다.

또 부처님께서는 말씀하셨다.

"만일 자신의 판단이나 선입견이 다 잘못인 줄 분명히 깨닫고 선입견의 뿌리까지 없어진다면 세상의 모든 것을 다 알 수 있으리라(若見諸相 非相 則見如來)."

자신의 선입견이 다 잘못인 줄 깨닫고 새 마음이 열리게 되면 예수님이 어떤 존재인지는 물론, 세상의 모든 것을 다 알게 된다고 말씀하신 것이다.

과거의 모든 부처님도 금강경의 이 말씀대로 수도하여 세상의 모든 이치를 다 깨치셨고, 나 또한 금강경 가르침대로 수도하여 예수님의 정체를 알게 되었으며, 미래에도 사람들이 모두 금강경의 가르침대로 수행하여 부처님처럼 밝아질 것이다.

예수님은
법 받은 미륵존여래불

도인도 때때로
지옥에 간다

조주 스님은 산호 방망이를 가지고 있었다.

그런데 어떤 사람이 조주 스님의 산호 방망이를 보고 '도인
은 무소유無所有라는 데 저런 값비싼 보석 방망이를 무엇 때문
에 가지고 계실까? 없는 중생들을 위하여 베풀어주는 것이 더
욱 마땅하다'라고 생각하였다.

조주 스님께 넙죽 절을 하며 천연덕스럽게 물었다.

"천하의 선지식은 무소유하실 뿐 아니라, 누구에게 베푸는
것을 좋아한다고 하지요?"

보석 방망이가 탐이 나서 자신의 소유로 하고 싶은 마음을
아는 조주 스님은 어떻게 대답했을까?

"천하의 대장부는 남의 물건을 탐하지 않는다고 들었소."

보석 방망이에 대한 애착이 있어서 그렇게 대답한 것은 아니
었다. 그로 하여금 탐내는 마음을 버리고 베푸는 마음을 내게
하려는 것이다.

조주 스님이 보석 방망이를 줄 뜻이 없다고 생각한 그 사람은 다시 꾀를 내어 말하였다.

"나는 천하의 대장부가 아닌데요."

이때 조주 스님은 어떻게 대답하였을까? 안 준다면 도인이 아니라고 할 것이고, 주어버리자니 탐심에 사로잡힌 사람의 심부름을 하는 것이 된다.

"나도 천하의 선지식이 아니라오."

조주 스님은 도인이 아니라는 소리를 두려워하지 않았다. 그 사람의 탐심을 깨우쳐 주려면, 범부 노릇을 할 필요도 있다고 생각하셨을까?

도인이 늘 천당에 있는 것이 아니다. 도인도 이런 사람을 만나면 때때로 지옥에 간다.

예수님은
법 받은 미륵존여래불

위기를 기회로 만드는
도인의 지혜

도인이 많이 나오면 백성들이 복을 짓게 되어 나라가 부강해지고 국력이 번창한다고 한다.

도인이 요술을 부리는 것일까?

그대는 향가를 알 것이다. 신라 시대에 민간에서 부르던, 말하자면 요즘의 유행가다. 그 향가 대부분을 도인들이 만들었다. 신라의 혜성 이야기이다.

신라 어느 임금 때인가, 경주 하늘에 살별(혜성)이 나타나 며칠이 지나도록 사라지지 않았다. 동서고금을 통해 혜성은 늘 불길한 징조로 여겨졌다. 그래서 이름도 살별이다. 사람들이 전전긍긍하던 차에, 신라 앞바다에 왜구의 배가 몰려와 새까맣게 진을 쳤다. 임금은 한 치 앞을 내다볼 수 없는 나라의 장래를 걱정하다가, 당시 모든 것을 다 안다는 도인을 불러 의견을 물었다.

"하늘에 살별이 뜨고 나라에는 변괴가 연일 일어나고, 게다가 왜구까지 몰려오니 나라가 어떻게 될지 참 걱정입니다. 무슨 좋은 방도가 없겠습니까?"

"별일 아닙니다. 사람들이 그 별은 흉한 별이라 생각하고 있어 문제를 일으키는 것입니다."

"그러면 어떻게 해야 합니까?"

"지금이라도 저 별을 길吉한 별로 이름 짓고 사람들의 마음에 저 별은 길한 별이라는 인상을 심어주면 됩니다."

지금 같으면 라디오나 TV가 있어서 길한 별이라고 이름 지어 전국에 퍼뜨리기 어렵지 않을 것이다. 그러나 당시에 길한 별이라고 이름을 지어 전 국민의 마음속에 심어주는 것은 매우 어려웠을 것이다.

임금이 또 물었다.

"어떻게 길한 별이라는 인상을 심어줄 수 있습니까?"

"노래를 지어서 아이들이 부르게 하여 퍼뜨리면 됩니다."

임금은 혜성은 길한 별이라는 내용을 담은 노래를 지어 아이들에게 부르게 하였다. 이윽고 신라 천지는 그 노래 속에 파묻혀 버렸다. 불안에 떨던 백성들은 이제 노래 가사처럼 좋은 일이 생길 것이라는 희망을 품게 되었다. 신라 천지가 갑자기 낙토樂土로 바뀌었다.

한편, 왜구들은 혜성이 나타났겠다, 가만히 앞바다에 진이나 치고 있다가, 사람들 스스로 진이 빠져 버리면 상륙해서 거저 먹으려는 참이었다. 그런데 진이 빠지기는커녕, 뭐가 그리 즐거

예수님은
법 받은 미륵존여래불

운지 노래만 하고 있으니 아무래도 수상쩍었다. 왜구들은 지레 겁을 먹고 달아나 버렸다.

기록에는 융천사라는 스님이 「혜성가」를 지어 부르게 하자 살별이 사라지고 왜구가 물러갔다고 되어있는데, 사실은 그렇게 된 것이다.
사람의 마음을 위기(어두움)에서 기회(밝음)로 향하게 할 수 있는 힘, 그것이 바로 도인의 지혜다.

순임금의 지혜

효자로 알려진 순임금은 어려서 어머니를 잃고 계모 밑에서 자랐는데, 그 여자의 성미가 남달랐다.

하루는 계모가 순에게 구덩이를 파라고 일렀다. 구덩이를 깊이 파면, 위에서 흙을 덮어 죽이려는 것이다. 순은 계모의 의중을 알았지만 "네" 하였다. 순은 지혜로웠기에 매우 위태로운 상황에서도 계모에게 거역하지 않으며 자신도 살 수 있는 길을 찾았다. 구덩이를 파는 동시에 살아 나올 구멍을 함께 팠던 것이다.

다음에는 계모가 순에게 지붕에 비가 새니 올라가서 살펴보라고 일렀다. 순이 사다리를 걸쳐 놓고 지붕에 올라가 살피는 사이, 계모는 사다리를 치우고 밑에서 불을 질렀다. 그러나 순은 죽지 않았다. 이미 계모의 뜻을 알아채고, 다른 사다리를 가지고 올라간 것이다.

예수님은
법 받은 미륵존여래불

지혜로운 사람은 역경을 역경으로 보지 않는다. 역경을 역경으로 볼 때 지혜가 생기지 않는다. 역경逆境과 순경順境을 다르지 않게 볼 때 참 지혜가 생긴다.

필사즉생必死卽生 1

나폴레옹이 유럽 대륙의 대부분을 휩쓸고 한겨울에 러시아에 쳐들어갔다. 모스크바로 진입하니 러시아 군대는 하나도 안 보이고, 영하 삼사십 도의 추위 속에 집들은 다 불타버리고 없었다. 러시아 군장성들이 머리를 쓴 것이다. 나폴레옹 군대와 맞붙었다간 질 것이 뻔하니 후퇴하면서 집처럼 생긴 것은 모두 불태워 버렸다.

천하의 나폴레옹이라도 영하 삼사십 도에 추위를 피할 건물 하나 없는 곳에서는 별 재간이 없었다. 군사들이 얼어 죽거나 심한 동상에 걸려 패잔병으로 퇴각하는 와중에 러시아 군대의 습격을 받으니, 나폴레옹 군대는 거의 전멸하다시피 하였다.

러시아 땅에서 겨우 빠져나온 나폴레옹은 폴란드 국경 부근의 어느 마을에서 하룻밤을 묵게 되었다. 민가에 잠자리를 마련하고 밖에는 보초도 세웠다.

한참 곤하게 자는데, 갑자기 가슴이 답답했다. 깨어 보니 이

예수님은
법 받은 미륵존여래불

게 웬일인가! 허리통이 절구통보다 큰 하마 같은 여자가 나폴레옹의 배를 깔고 앉아서, 왼손으로 멱살을 움켜쥐고, 오른손으로는 나폴레옹의 목에 칼을 대고 눈을 부릅뜨고 있었다.

"네 놈이 나폴레옹이지?"

보초를 불러야 하지만 그랬다간 여자의 칼이 목을 찌를 것이니, 천하의 나폴레옹인들 별수가 없었다.

"그렇소."

"잘 만났다. 나폴레옹, 이놈! 내 아들 삼 형제가 네 놈한테 미쳐서 따라다니다가 모두 죽었다. 이제 죽은 자식을 살릴 수는 없고, 너라도 죽여 원수를 갚아야겠다."

이런 위기에서 두렵고 다급한 마음이면 어떤 지혜도 나오지 아니한다. 그러나 나폴레옹은 목숨이 경각에 달린 이때에도 두려워하지 않았다. 나폴레옹의 입에서는 천연스럽게 이런 말이 튀어나왔다.

"아이고, 어머니! 못난 자식 셋보다 잘난 자식 하나가 낫지요, 어머니!"

너무나 태연스러운 나폴레옹의 기에 눌린 그 여자는 칼을 집어던지고 "오! 내 아들아!" 하며 나폴레옹을 끌어안고 울었다고 한다.

죽음을 두려워하지 않을 때 참 지혜가 나온다. 평소에 분별심을 부처님께 잘 바친다면 죽음의 위기에서도 두렵지 않게 된다. 나폴레옹은 그 당대에는 마음을 쉬는 연습을 하지 않았겠지만, 전생에 분별심을 쉬는 연습을 많이 한 사람임이 틀림없다.

예수님은
법 받은 미륵존여래불

필사즉생必死卽生 2

한 장군이 반란을 일으켰다. 닥치는 대로 이 고을 저 고을을 자신의 손아귀에 넣고, 수도를 향하여 파죽지세로 가다가 어느 절에 당도하였다.

사나운 무장武將의 소문을 듣고 피신하였는지 절간은 고요하였고 아무 인적을 발견할 수 없었다. 이 방 저 방 뒤지던 무장은 어느 방 앞에 서서 흠칫 놀랐다. 방에는 나이 먹은 중이 홀로 면벽하며 참선하는 것이 아닌가! 요란한 반란군의 발소리를 들었을 텐데 미동도 아니하고 뒤를 돌아다보지도 아니하였다.

무장에게 일찍이 느껴보지 못했던 두려움이 싹텄다. 일부러 헛기침하면서 발을 크게 쾅쾅 굴렀다. 그러나 노승은 아무 반응 없이 고요히 앉아 있었다. 무장은 다시 발을 크게 구르며 소리쳤다.

"수천 명을 죽이고도 끄떡없는 장군을 아느냐?"

조용히 참선하던 중이 한참 만에 답하였다.

"살고 죽는 데 조금도 애착이 없는 중을 아느냐?"

죽음을 두려워하지 않는다는 중 앞에서 무장은 아무 할 말이 없어졌다. 그렇다고 물러설 무장이 아니었다. 또 소리쳤다.

"죽음을 두려워하지 않는 중들이 왜 다들 도망갔느냐?"

"도망가긴 어딜 도망가느냐. 이곳에 다 있다."

"한 놈도 안 보인다. 어디 있느냐?"

"종을 치면 다 온다."

무장은 종각에 매달린 종을 쳤다. 그러나 아무도 나타나지 않았다.

"종을 쳐도 하나도 나타나지 않는구나."

"네가 치면 아니 오지만, 내가 치면 다 온다."

노승은 종을 쳤다. 숨어있던 중들이 여기저기서 하나하나 나타나기 시작했다.

은근히 두려움을 느낀 장군은 노승이 무슨 요술이라도 부리는가 싶어 얼른 그 자리를 피했다.

장군의 종소리에는 나타나지 않던 중들이 스님의 종소리에는 나타났던 이유가 무엇일까? 그것은 노승의 요술이 아니다. 무장이 치는 종소리는 절의 법도에 맞지 않았기에 두려워 나타나지 않았으며, 노승이 치는 종소리는 법도에 맞았기 때문에 안심하고 나타난 것이다.

죽음조차 두려워하지 않는 태연한 노승의 마음에서 무장을 조복할 수 있는 지혜가 나온 것이다.

예수님은
법 받은 미륵존여래불

위기 상황에서
부처님께 바쳐 응답을 구하라

내가 소사에 온 지 오래지 않을 때였다. 새로 이사 오면 동네 사람이 텃세를 부리는 일도 종종 있는가 보다. 내가 동네 사람들과 잘 어울리지 않자, 이를 고깝게 여긴 이들이 나를 골탕 먹이려고 상당히 벼른 모양이었다.

어느 날 밤, 창문 위에 괴상한 옷자락이 너울대더니, 뒤이어 누가 괴성을 지르며 공포 분위기를 자아내는 것이었다. 마을 사람들의 장난이라는 것은 알 수 있었지만, 어떻게 해야 좋을까? 밖에서는 귀신 장난이 한층 더 심해졌다. 우선 내 마음을 들여다보고 진정하며 원을 세웠다. 그러자 홀연히 그 장난을 하는 녀석의 정체가 알아졌다.

"이 아래 사는 천수 아니냐, 멀쩡한 몸뚱이를 가진 녀석이 몸뚱이가 없는 귀신 흉내를 내서는 못 쓰느니라!"

나는 냅다 호령하였다.

'내 이름을 어떻게 알았을까? 정말 이분이 대단히 영험한가

보다.'

동네 사람의 앞잡이가 되어 나를 시험해 보려던 천수라는 청년은 놀라서 뒤도 돌아보지 않고 도망쳐 버렸다. 그 뒤로 그런 일이 다시는 생기지 않았다.

그때 나는 그놈의 정체가 궁금한 것이 아니었다. 다만 내 마음을 들여다보며 '어떻게 할까?' 하는 생각을 부처님께 바치고 원을 세우고 앉아 있으려니, 부처님의 응답이 내 입에서 그렇게 나온 것뿐이었다.

예수님은
법 받은 미륵존여래불

종합적 즉각

율곡 선생이 황해 감사로 두 번째 부임하였을 때의 일화이
다.

관청 건물이 지은 지 오래되어 곧 무너지게 생겨서 중수重修
하기로 하였다. 황해도에서 좋은 나무를 거두어, 그중에서 튼튼
하게 생긴 대들보감을 골라 놓았다.

율곡은 마음의 분별심을 잘 닦던 사람이다. '이 대들보가 얼
마나 갈까?' 생각해 보았다. 정신을 집중하면 분별심이 일시 사
라지며 해답이 나오는 수가 있다. 마치 분별심을 부처님께 바쳐
응답을 얻어내는 것과도 같다.

율곡 선생은 곧 알게 되었다. 얼마 안 가 그만 대들보가 부
러져서 사람 둘이 죽을 판이었다. '어떻게 사고를 수습할까?' 하
고 정신을 집중했더니 그에 대한 해답도 얻어졌다.

선생은 황급히 목수에게 궤짝을 짜게 하였다. 종이에 다섯
자씩 두 줄을 적었다. 말하자면 오언절구이다. 선생은 종이를 궤

짝에 넣고 못질하여 봉하며, 종중에 일러두었다.

"만약 후일에 내 직계 손이 죄를 지어 이 고을 감사 앞에서 재판받게 되거든, 이 유서를 감사에게 보여라."

율곡 선생이 돌아가신 후, 과연 종손이 살인죄로 잡혀 와서 재판받게 되었다. 종중에서는 선생의 유서도 있고 하여 감사에게 탄원하였다.

"이 사람은 전임 감사 율곡 선생님의 9대 직계 손입니다. 율곡 선생님께서 이러한 일이 날 것을 미리 다 아시고 그에 대한 말씀을 남기셨으니 한번 살펴봐 주십시오."

율곡 선생이라면 두 번이나 황해 감사를 하였고 정승도 지냈을 뿐만 아니라, 무엇보다 성현이었다. 감사는 호기심이 났다.

"그럼 유서를 모셔 오너라."

감사는 유서가 든 궤짝이 오는데 동헌 마루에 높이 앉아 있자니 어쩐지 마음이 편치 않았다. 율곡 선생의 유서를 일어나 받는 게 좋을 듯하였다. 감사가 동헌 마루에서 뜰로 막 내려서는 순간, 대들보가 딱 부러지며 무너져 내렸다. 마루에 그대로 있었더라면 감사는 꼼짝없이 대들보에 깔려 죽었을 터였다. 사람들이 놀라며 함께 유서를 열어보았다.

구여압량사求汝壓梁死

활아구대손活我九代孫

즉, '네가 대들보에 깔려 죽을 것을 구해주니, 내 9대 자손은 살려다오' 하는 내용이었다.

예수님은
법 받은 미륵존여래불

율곡 선생이 보니, 대들보가 몇천 년 가겠다고 여긴 것은 그저 생각뿐이고, 실제로는 얼마 안 가서 두 사람이 대들보에 깔려 죽을 판이라, 어떻게든 그걸 막아야겠다는 '느닷없는 판단'이 나온 것이다. 또 그렇게 알게 된 것은 경험의 분석을 통해서가 아니라 종합적 즉각을 통해서였다. 도통한 사람은 이렇듯 그냥 단박에 안다.

율곡은 유교적인 방법으로 분별심을 소멸하여 그만큼 알게 되었다. 율곡이 금강경을 만나 공부하였다면 더욱 밝아졌을 것이다.

부처님 광명은 인과의 사슬도 끊는다

◉

 부처님께서는 일찍이 원인 지어서 그 결과를 받는 이치를 말씀 하셨습니다.

 "선인선과 악인악과 善人善果 惡因惡果

 좋은 일을 하면 좋은 결과가 오고, 나쁜 일을 하면 나쁜 결과가 온다."

 우주 불변의 진리를 말씀하셔서서 사람들에게 악한 일을 하지 않 게 하여 악도에 가는 고통에서 벗어나게 하시고 좋은 일을 하여서 복락福樂을 얻는 길을 열어 주셨습니다. 다른 사구게도 살펴봅니 다.

예수님은
법 받은 미륵존여래불

"제악막작 중선봉행 자정기의 시제불교

諸惡莫作 衆善奉行 自淨其意 是諸佛敎

모든 악은 행하지 말고 모든 선은 행해서 스스로 그 뜻을 맑게 하는 것, 이것이 곧 불교니라."

이 말씀은 불법의 핵심이요 삼세제불의 공통적 가르침이라 알려져 있습니다. 흔히들 이 말씀이 불교의 정체성을 나타낸다고 합니다.

그러나 좋은 일을 하여서 복락을 얻는 경우는 참 다행이지만, 자신도 모르게 악한 일을 하여서 고통을 받게 될 경우는 어떻게 해야 하나 하는 것이 갈등이요 문제입니다.

죄를 지었지만 악도에 떨어지지 않고, 난행고행의 노력을 하지 않고도 행복을 누릴 수 있으며, 죄 많은 범부이지만 금생에 성인이 될 수 있는 밝은 희망이 있을까요?

이러한 고난과 갈등에 빠진 사람들을 위하여 부처님께서 설하신 가르침이 바로 금강경입니다. 부처님께서는 금강경에서 다음과 같이 희망과 축복을 주시며, 영원불변이라는 인과의 굴레에서 벗어나게 해주십니다.

"부처님 광명이 인과의 사슬을 끊는다. 난행고행을 하거나 죗값을 치르지 아니하고도 행복을 누릴 수 있다. 범부도 금강경 실천을 잘한다면 금생에 밝아진다."

어떻게 해야 만고불변의 진리인 인과를 초탈할 수 있을까요?
어떻게 해야 파계한 사람도 금생에 밝아질 수 있을까요?
선지식께서는 이렇게 말씀하십니다.

"금강경은 모든 사물에 이름을 짓지 말라는 가르침이요, 판단
하지 말라는 가르침이다. 그 누구의 말을 믿고 따르지 말고 모든
이름, 판단, 분별을 다 부처님께 바치라는 가르침이다.

죄罪라는 것은 자기가 죄라고 이름 지어 죄일 뿐이다. 죄라고 생
각될 때, 그 생각을 바로 부처님께 바쳐라! 죄라는 이름에 얽매이
지 않는다면 죄가 되지 않는다. 알고 보면 이 세상 모든 고난의 원
인은 자기 마음이 스스로 만들고 스스로 받을 뿐, 누가 주는 것이
아니다. 또 행복의 원인도 역시 자기 마음이 스스로 만들어서 받
을 뿐이다.

스스로 벌 받을 것으로 판단하고 결정하지 말라. 벌을 받는다
는 생각을 부처님께 바쳐라. 벌을 받는다고 판단하였기에 벌을 받
는다. 이름 짓고 판단 내리지 않는다면, 받아야 할 벌 또한 없다.
도처에 자유와 행복의 광명으로 넘칠 것이다."

예수님은
법 받은 미륵존여래불

또 부처님께서는 금강경에서 다음과 같이 말씀하십니다.

"나는 오래전 그대들에게 착한 일을 하면 복을 받고 나쁜 일을 하면 벌을 받는 것이 만고불변의 법칙이라고 말하였다. 그러나 이 것은 인과응보의 도리를 만고불변의 진리로 믿고 있는 그 당시의 사람들에게만 해당하는 것이다.

지금 모든 것을 자신의 마음속에서 구하라는 가르침을 주노니, 이 가르침으로 그대들은 새롭게 태어나라.

사람들은 스스로 착한 일이라고 이름을 짓기에 스스로 복을 받는 것일 뿐, 실은 착한 일도 없고 받을 복도 없다. 자기가 나쁜 일을 했다고 이름 짓고 벌이라고 이름 지어 벌을 받는 것이다. 실은 나쁜 일도, 받아야 할 벌도 없다. 만고불변의 진리라고 했지만, 이 역시 분별심이 만들어낸 허상일 뿐, 만고불변의 진리는 없다.

그대여

그대들이 만든 모든 이름에 얽매이지 말라.

계율에도 얽매이지 말라.

무엇이든지 판단하려고 하지 말라.

사람이 하는 말에 따르려 하지 말라.

부처님 말씀에도 얽매이거나 집착하지 말라.

범소유상 개시허망 약견제상 비상 즉견여래
凡所有相 皆是虛妄 若見諸相 非相 則見如來

이 사구게와 같이 진정한 자유를 얻고
지혜, 즉 부처님의 응답을 얻을 것이다."

인과의 사슬을 끊는 금강경 가르침을 실천하여, 스스로 만든
모든 고난에서 벗어나 행복하고 밝은 삶을 살도록 합시다.

다음은 백 박사님의 가르침입니다.

예수님은
법 받은 미륵존여래불

부처님 시봉하려면
계율도 바쳐야 한다

　　내가 금강산에서 수도하던 때의 일이다. 하루는 장안사의 한 수좌가 올라오더니, 큰 법당에 빈대가 끓어 여간 곤란한 것이 아니라며 걱정하였다. 그래서 내가 말해 주었다.

　　"대웅전 마루 한복판에 유황을 피워놓고 한나절만 문을 닫아두면 부처님 법당이 깨끗이 청소될 것이다."

　　"아니, 스님께서는 저더러 살생하라는 말씀이십니까?"

　　"죽인다는 마음이면 살생이니 이 마음을 가지고 있으면 과보를 받게 되지만, 부처님 법당을 청소하는 마음이면 부처님 전에 복 짓는 일이 되어 밝아질 것이다."

지혜로운 이는
인과의 사슬에서 벗어난다

옛날, 중국에 백개라는 용맹한 장수가 있었다. 그는 일생을 전쟁터에서 보내며 많은 무훈을 세웠는데, 한번은 항복한 포로 수만 명을 죽여야 했다. 그는 이 사실에 대해 늘 죄책감에 시달리다 말년에는 그만 미치고 말았다.

백개는 용맹하였지만 지혜롭지 못하였다. 그는 인과응보의 사슬을 벗어나지 못하고 죄에 대한 대가를 받은 것이다.

힌덴부르크는 일차 대전 당시 독일의 맹장猛將이다. 그는 소련과의 접전에서 36개 사단을 섬멸하였다. 그러나 그의 마음에는 그들을 죽였다는 생각은 조금도 없고 다만 조국과 민족에 봉사하기 위해 적을 쓸어 버렸다는 떳떳함만 있었기에, 나중에는 독일의 대통령까지 되었다.

힌덴부르크는 지혜로운 사람이다. 그는 인과응보의 사슬에 걸리지 않는 방법을 아는 사람이었다.

예수님은
법 받은 미륵존여래불

아상이 없는 사람은
인과의 법칙에 걸리지 않는다

    자동차 왕으로 유명한 미국의 헨리 포드는 전생에 이기심이 전혀 없는 순박한 중국 농부였다. 그는 소를 몰아 밭을 갈고 농사를 짓는 일이 몹시 힘들었다. 더욱이 그토록 힘들게 일해도 농사꾼들은 대부분 지극히 가난하여 쇠고기를 먹고 싶어도 마음껏 먹지 못하는 것을 늘 딱하게 여겼다.

    그는 원願을 세웠다. 소 대신 밭을 쉽게 갈 수 있는 기계를 만들어, 농사는 기계로 짓고 그 대신 소는 식용으로만 사육하여 농부들이 쇠고기를 배불리 먹게 되기를 발원하였다.

    이 사람은 '나'라는 생각이 없는 보살이어서 마음먹은 대로 뜻을 이룰 수 있었다. 그는 다시 중국에서 태어나 백정이 되어 사람들에게 고기 먹이는 일을 하였다. 그리고 그다음 생인가, 미국에서 태어나 자동차를 고안하고 농기계를 만들어 농부의 수고를 덜어 주었다.

    그는 비록 전생에 중국에서 소를 많이 죽였지만 이기심으로 살생한 것이 아니라 고기를 먹고 싶은 사람들을 위하는 마음이 었기에, 후생에 소를 죽인 과보를 적게 받을 수 있었다. 다만 그의 얼굴빛이 유독 고기 색 비슷하게 붉은빛을 띤 점이 여느 사람들과 다르다면 달랐다고 할까.

죄지었다는 생각을 바치면
지혜 광명이 온다

부처님 밑에서 수도하는 두 젊은이가 있었다. 부처님 처소는 부처님을 뵙기 위해 곳곳에서 모여든 사람들로 들끓었다. 두 비구는 '이렇게 시끄럽고 분주하니 어떻게 수도에 전념할 수가 있겠는가. 어디 조용한 수도처를 찾아보아야겠다' 하고 뜻을 모았다. 두 사람은 부처님 곁을 떠나 인가에서 멀리 떨어진 산속 동굴에서 수도하였다.

그러던 어느 날, 한 비구가 생필품을 구하기 위해 마을로 내려갔다. 그가 떠난 후 갑자기 하늘이 어둑어둑해지더니 비가 쏟아지기 시작하였다. 비는 저녁때가 다 되어서야 그쳤다. 그때 마을로 내려간 비구의 누이동생이 오빠를 만나기 위해 비에 흠씬 젖은 채 동굴에 나타났다. 홀로 남아 있던 비구는 화톳불을 지펴 여자의 옷을 말리게 하고, 더운 음식을 장만해 주었다. 친구의 누이동생이 날이 다 저물어서 비에 젖어 오들오들 떨며 찾아왔는데 오빠가 없다고 그냥 돌려보낼 수가 없었던 것이다.

날은 저물어 어둠이 깔렸는데도 친구는 돌아오지 않았다. 화톳불 곁에 앉은 여자의 얼굴이 발갛게 달아올랐다. 그는 깊숙한 곳에서 꿈틀거리는 욕정을 느꼈다. 여자의 상기된 모습이 한동안 잊고 지내던 정념에 불을 댕긴 셈이었다. 이윽고 욕정의 불길에 휩싸인 그는 그만 자제력을 잃고 여자를 범하고 말았다. 불길이 사그라들고 제정신으로 돌아온 그는 생각할수록 어이가 없었다. '순간의 욕망을 참지 못하고 파계하다니…' 그는 가슴을 치며 후회하였다.

한편, 밤늦게 마을에서 돌아온 비구는 그들을 보고는 아연 실색하였다. 그는 격분하였다. 친구도 친구려니와, 외딴곳에서 수도하는 젊은이 앞에 나타나 화근을 일으킨 누이동생이 더욱 괘씸하였다. 흥분한 그는 성스러운 수도자를 파계시킨, 구제받지 못할 요망한 계집이라며 순간적으로 누이를 죽이고 말았다. 발치에 죽은 누이동생의 시체를 보는 순간, 그는 정신이 번쩍 들었다. '나 자신은 간음보다 더한 살생이라는 계율을 범한 것이 아닌가! 이제 우리는 어찌할 것인가.'

두 비구는 끌어안고 목 놓아 울었다. 그처럼 엄청난 파계를 했으니, 이제 도를 이루기는커녕 지옥에 떨어질 것이 아니겠는가! 앞길이 막막해진 둘은 부처님 처소로 내려왔다.

부처님께 말씀드리고 자신들이 구제받을 길이 없겠는지 여쭈어보고 싶었지만, 그들에게는 그럴 용기조차 없었다. 그래서 계율 제일이라는 우팔리 비구를 찾아가 자초지종을 말하고 물

예수님은
법 받은 미륵존여래불

었다. 그러나 우팔리 비구는 불가능하다고 냉정하게 잘라 말했다. 그들은 다시 사리불과 목건련을 비롯하여 부처님의 십대제자十大弟子를 두루 만나 조언을 청하였다. 그러나 그들 역시 두 사람의 딱한 처지를 동정하면서도 시원한 답을 주지는 못하였다.

간음과 살생이라는 파계의 멍에를 걸머지고, 더 살아갈 희망과 의욕을 잃은 그들은 마침내 자살을 결심하기에 이르렀다. 당시 수도자들에게 자아의 울타리를 벗어나 부처님의 경지로 나아가는 성불은 생명보다도 값진 것이었다.

두 비구를 살려야겠다고 생각한 유마힐은 그들과 함께 우팔리 비구에게 갔다. 유마힐은 우팔리 비구에게 물었다.

"우팔리 존자시여, 이 두 사람의 죄는 과연 어디에 존재할까요? 마음속입니까, 혹은 밖입니까? 아니면 중간입니까?"

이에 대해 우팔리 비구는 대답을 못 하고 안절부절, 어쩔 줄 몰라 했다. 유마힐이 그에게 말하였다.

"우팔리님, 만약 그 마음이 깨달음을 얻는다면, 그 마음은 여전히 더럽혀져 있습니까? 그렇지 않습니다. 죄라는 생각은 망상이고, 망상은 때와 같습니다. 우리의 모든 관념은 물속에 비친 달, 거울에 비친 그림자와 같이 우리의 망상에서 생긴 것입니다. 때를 닦으면 맑은 거울이 드러납니다. 망상을 없애면 그대로 청정한 마음입니다. 이 이치를 아는 사람이야말로 참으로 계율을 지키는 사람이며, 깨달은 사람입니다."

　유마힐의 말에 두 비구는 비로소 절망에서 벗어나 다시 수
도에 전념하여 높은 경지에 도달하였다.

예수님은
법 받은 미륵존여래불

자기가 살겠다면
하늘도 죽이지 못한다

구선복 장군은 영조의 명으로 사도 세자를 뒤주 속에 넣어 죽게 한 사형 집행자이었다. 그는 사도 세자를 죽인다는 생각은 없었고, 다만 임금의 명령을 수행한다는 한마음만 있었기에 조금도 죄책감이 없었다.

그 후 영조의 뒤를 이어 사도 세자 대신 왕위에 오른 정조 임금은 아버지의 비참한 최후를 생각할 때마다 도무지 마음이 편치 못했다. 자신이 왕위에 오른 마당에 사도 세자를 뒤주 속에 넣은 장본인인 구선복을 그냥 둘 수는 없었다. 정조는 구선복을 참형에 처하라는 명을 내렸다.

구선복이 수레에 실려 형장으로 끌려갈 때였다. 길가에 있던 구경꾼 중의 한 사람이 그에게 다가와 물었다.

"당신은 무슨 죄를 지었기에 참형을 당하게 되었소?"

구선복이 대답하였다.

"나는 오로지 나라에 충성하는 마음으로 임금님의 명령을 수행하였을 뿐, 아무것도 잘못한 일이 없소이다."

구경꾼이 말하였다.

"당신이 추호도 잘못한 일이 없다면, 하늘도 당신을 가엾이 여겨 죽게 하지는 않을 것이요!"

구선복이 생각하니 그 말이 옳았다. 그는 하늘을 향해 소리 쳤다.

"저는 하늘을 우러러 조금도 부끄러운 일을 하지 않았습니다. 바라건대, 제 말이 틀림없다면 이 수레가 멈추도록 하소서!"

과연 그 말이 떨어지자마자 수레가 딱 멈추더니, 포졸들이 아무리 끌어도 꿈쩍하지 않았다. 구선복의 마음에 조금도 미안함이 없었기에 하늘을 향해 외치는 순간, 그 마음이 우주와 하나가 되면서 우주가 멈춘 것이었다.

한편 조정에서는 난리가 났다. 참형을 받으러 가던 죄인의 수레가 움직이질 않는다니, 필시 무고한 사람을 죽이려 하여 하늘이 노한 것이라고 민심이 들끓었다. 그렇다고 정조로서는 아버지를 참혹하게 죽인 자를 살려 둘 수 없었다.

정조는 영특한 임금이었다. 정조는 곧 측근에게 구선복의 행적을 어릴 적부터 샅샅이 살펴 조금이라도 잘못한 일이 있는지 조사하라고 시켰다. 그러나 구선복은 워낙 강직하고 충실하여 조그마한 비리조차 쉽게 찾아낼 수 없었다. 그런데 딱 한 가지 시비할 만한 일이 있었다. 어릴 적에 조숙했는지, 유모에게 부정한 짓을 하려다 들킨 일이 있었다. 빌미를 잡힌 것이다. 정

예수님은
법 받은 미륵존여래불

조는 부랴부랴 구선복에게 사람을 보냈다.

"너는 어릴 적에 유모에게 못된 짓을 하려다가 들킨 일이 있지 않으냐! 그런데도 하늘을 우러러 조금도 부끄러운 일을 한 적이 없다고 큰소리칠 수 있단 말이냐?"

구선복이 생각해 보니 그 일만은 마음에 걸렸다. 순간 구선복의 마음은 흔들렸고, 우주와 하나가 되었던 마음이 분리되면서 수레가 구르기 시작하였다. 그렇게 그는 참형을 당하였다.

그때 구선복이 꼭 살아야겠다고 생각하고, 부끄러운 짓을 했다는 그 마음을 얼른 참회했다면 임금인들 그를 어찌지 못하였으리라.

임진왜란이나 6·25전쟁에서 수많은 사람이 죽은 것은 다 죽을 사람이 죽은 것이었다. 살려고 하는 사람은 하늘도 죽이지 못하는 법이다.

부처님께서 제정하신 계율도
부처님께 바쳐라

　　석가여래 문하에 들어와 제자가 된 사람들은 출신 계급, 교육 수준과 자란 환경이 각양각색이었다. 높은 지성을 갖춘 제자들이 있었는가 하면, 깡패, 도둑이나 걸인이었던 사람조차 있었다. 이들이 비록 세존의 가르침을 거울삼아 수도를 하지만 과거의 습관을 버리지 못해, 때로는 사람들에게 손가락질받을 만한 짓을 저지르기도 하였다. 그래서 부처님께서는 '살생하지 마라. 도둑질하지 마라. 간음하지 마라……. 이를 어기면 성불할 수 없다'라는 계율을 만들고 지키게 하였다.

　　그 후, 제자들은 공부가 상당히 진전되어 저마다 자신의 전생을 볼 정도에 이르렀다. 그런데 그들이 전생을 보니 무수히 많은 살생, 도둑질, 간음으로 얼룩진 것이 아닌가! '살생, 도둑질, 간음의 계율을 어기면 성불할 수 없다고 하셨는데, 이제 우린 다 틀렸구나!' 그들의 낙심은 이만저만한 게 아니었다.

예수님은
법 받은 미륵존여래불

이 마음을 본 문수보살이 갑자기 석가여래께 달려들어 죽이려고 하였다. 무슨 뜻일까?

부처님께 바치는 가르침으로
인과가 소멸된다

　　우리가 다음 생에 어떤 몸을 받을지는 전적으로 이생에 어떤 원인을 만드느냐에 달려 있다. 예를 들어, 소의 몸을 받는 경우를 보면 두 가지 원인이 있다.

　　하나는 실제로 소의 마음을 연습하는 경우다. 소의 마음이란, 현실에만 만족하고 미래에 대해서는 전혀 생각할 줄 모르는 어두운 마음이다. 저 소를 보아라. 현실에 안주하여 아주 만족한 표정으로 걸음조차 뚜벅뚜벅 한가하지 않은가! 이러한 마음을 연습하면 소의 껍질을 쓰게 되는데, 이 경우는 그 뿌리가 깊어 소의 몸을 벗어나기가 쉽지 않다.

　　다른 하나는 마음에 소를 그려 갖는 경우다. 마음에 소를 그리면 그것이 소의 몸으로 나타나게 된다. 마음이 순수하면 더 빨리 소의 껍질을 쓰게 된다.

　　옛날, 중국에 천여 명의 제자를 거느리던 유명한 스님이 있었다. 스님은 법문 시간에 자주 소의 덕성을 예로 들어가며 칭찬을 아끼지 않았다. 물론 그도 마음에 소를 그리면 소가 된다는 이치쯤이야 모르지 않았으며, 조심도 하였을 것이다.

세월은 흘러 스님이 세상을 하직하게 되었다. 임종을 지키던 한 제자가 스님에게 물었다.

"스님께서는 내생에 어디로 몸을 받아 가십니까?"

제자의 물음에 정신이 번쩍 든 스님이 자신의 내생을 관찰하니 아뿔싸, 거의 소가 다 되어있었다. 스님은 그만 깜짝 놀라 낙심하였다.

기록에는 여기까지 나와 있는데, 후세에 눈 밝은 이가 있어 그 스님의 후생을 관찰하니 역시 소의 몸을 받았다. 자신이 소의 껍질을 쓴 것처럼 느껴지는 순간, 그 생각을 얼른 부처님께 바쳤더라면 좋았을 것을…. 잘 닦던 스님도 인과의 사슬을 벗어나는 방법을 몰랐던 것이다. 인과에 떨어진다는 생각을 부처님께 바칠 때 인과의 사슬에서 벗어날 수 있다.

소의 몸을 받은 스님은 자신의 신세를 생각하니 기가 막혔다. 보름달이 뜬 어느 밤, 큰 소리와 함께 스스로 몸을 바꾸었다.

말의 마음,
남을 억누르는 마음

남을 억누르는 마음은 말馬의 마음이다. 남을 억누르는 연습을 많이 하면 말의 몸을 받게 된다.

옛날, 중국에 유명한 스님이 있었다. 스님은 법문을 잘해 대중에게 법문할 때 하늘에서 꽃비가 내렸다고 한다. 이렇듯 대단한 위엄과 신통력을 지닌 스님이었지만, 아상이 대단하였던 모양이다.

어느 밝은 스님이 그의 아상이 대단함을 염려하여 그를 구해주고자 물었다.

"저렇게 열광하는 대중에게 어떻게 법문하십니까?"

"나는 법문한다는 생각 없이 법문합니다."

스님이 대답하였다. 그 순간, 귀찮은 질문을 한다고 생각하였을 것이다. 사람은 치심이 발동하면 남의 바른말을 듣기 싫어하기 마련이다.

이러한 유유자적한 말씀과는 달리, 그 스님은 후생에 수레

예수님은
법 받은 미륵존여래불

를 끄는 말의 몸을 받았다. 다만 이 말은 이마 한복판에 흰 점이 뚜렷해서 여느 말과는 달라 보였다. 어느 날 눈 밝은 스님이 거리에서 짐수레를 끄는 말을 보고, 바로 그 스님의 환생임을 알아보았다. 밝은 스님은 말에게로 다가가 큰 소리로 외쳤다.

"법문한다는 생각 없이 법문하듯이, 수레도 끈다는 생각 없이 끌어 보렴."

본래 선근이 있었던지라, 말은 그 소리에 앞발을 번쩍 들더니 스스로 고꾸라져 몸을 바꾸었다.

남의 말을 듣기 싫다면 치심이 발동한 줄 알고, 깜짝 놀라 그 생각을 부처님께 바쳐야 한다. 그래야 치심으로 인해 결정된 자신의 업보에서 벗어날 수 있다.

인과응보의 법칙에서
벗어나는 방법도 알아야 한다

하동 칠불암에서 일곱 분의 스님이 수도하고 있었다. 어느 날, 새로 부임한 원員님이 초도순시로 칠불암에 왔다. 조선 시대에는 불교의 권위가 땅에 떨어져, 스님들을 불러다 노역도 시키고 도성 출입도 금지하였다. 따라서 스님들에게 원님의 존재란 대단한 것이었다. 그런 원님이 칠불암에 나타났는데, 어쩐 일인지 영접하는 스님이 아무도 없었다. 호기가 등등했던 일행은 그만 어안이 벙벙해서 방문을 열어보았다.

방안에서는 일곱 명의 스님들이 참선하는 것 같은데, 그 광경이 가관이었다. 한 스님은 손으로 턱을 고인 채 배를 깔고 엎드려 있었고, 다른 스님은 다리 한쪽을 들고 서 있었다. 그런 식으로 일곱이 저마다 괴상한 자세를 취하고 있으면서 한결같이 아무도 원님의 행차를 쳐다보지도 않는 것이었다. 매우 기분이 상한 원님은 그중에 가장 나이가 어려 보이는 스님을 지목해서 곤장을 치도록 명령하였다.

예수님은
법 받은 미륵존여래불

곤장 맞는 스님은 조금도 반항하는 기색이 없었다. 자세히 보니 몸이 비쩍 말라 비실비실한 것이 산속에서 잘 먹지도 못한 것 같았다. 원님은 갑자기 측은한 생각이 들어, 일곱 대를 치고는 명령을 거두었다. 미안한 생각이 든 원님은 좋은 마음을 내어 곤장 맞은 스님에게 삼 년 동안 양식을 주도록 하였다.

한편, 매 맞은 스님은 아무리 생각해도 이유를 알 수 없었다. '그 원은 도대체 나를 왜 때렸으며, 또 때렸으면 때렸지, 양식은 왜 주는 것일까?' 스님이 이러한 의문을 곰곰이 생각하며 수도하던 중, 삼 년쯤 지나니 그 이유를 알 수 있었다.

어느 생인지는 알 수 없는데, 그 스님이 어떤 암자에 행자로 있었다. 하루는 암자에 재齋가 들어와, 법당에 음식을 잘 차려 놓았다. 그런데 잠깐 부엌에 다녀오는 사이에 동네에서 가끔 올라오는 큼직한 개 한 마리가 법당에 들어와 상 위에 놓인 떡 한 조각을 물고 나오는 것이었다. 이를 본 행자는 불공드리려고 차려 놓은 떡을 못 쓰게 만든 개가 괘씸하였다. 그래서 발로 걷어차니, 개는 입에 물고 있던 떡을 떨어뜨리고 비명을 지르며 도망갔다. 그 꼴을 지켜보자니 불쌍한 마음이 일었다. 어차피 그 떡으로 불공을 드릴 수도 없는 일, 행자는 얼른 땅에 떨어진 떡을 집어 개에게 던져 주었다.

전생의 그 개는 절에 자주 드나들며 부처님을 향했던 공덕으로 사람 몸을 받아 그 고을의 원님이 되었다. 개에게 발길질한 인연은 곤장 일곱 대, 던져 준 떡은 삼 년 먹을 양식으로 돌아온 것임을 알고, 스님이 노래를 남겼다.

"발길질 한 번 하고 떡 한 조각 주었더니, 곤장 일곱 대에 삼 년 먹을 양식으로 돌아오더라."

전생의 인연과보를 알아낸 스님의 지혜는 대단하다. 그러나 그 스님이 인과응보에서 벗어나는 길을 부처님께서 제시하셨다는 사실까지 알았을까?

예수님은
법 받은 미륵존여래불

염불하는 것이
다 좋은 일은 아니다

　내게 누이동생뻘 되는 친척이 있는데, 일쑤 정신이 오락가락하여 여러 차례 청량리 정신 병원에 신세를 진 일이 있다.

　왜 그렇게 되었나 살펴보니, 그 아이가 전생에 부처님 공부하면서 좋다는 염불이면 닥치는 대로 무조건 다 했던 것이 그 원인이었다.

　부처님 명호를 부르면 좋아진다는 말을 들었다면 '부처님 참 위대하시다. 명호만 불러도 좋아지는구나!'라고 생각하고 공경심을 내야 한다. 부처님에 대한 공경심으로 염불했다면 그 결과는 매우 좋았을 것이다. 그러나 '염불이 나에게 좋다'라는 이기심으로 염불한다면 이는 탐욕심이 발동한 것이어서, 위대한 부처님의 명호를 아무리 불러도 결과가 반드시 좋다고 할 수 없으리라.

관세음보살을 깨쳐야
스승의 자격이 있다

우리나라의 젊은 스님 일행이 중국으로 유학 가며 만주를 지나던 길에, 아주 유명한 스님이 있다는 절에 들렀다. 막상 절에 가보니 유명하다는 스님 이외에는 아무도 볼 수 없었다. 젊은 스님들이 여쭈었다.

"이 절에는 스님 말고는 왜 아무도 보이지 않습니까? 스님께는 상좌도 없으신지요?"

"상좌가 있긴 있소만, 모양이 흉측해서 사람들에게 안 보이도록 하지요."

얼마나 흉측하기에 보여 주지 않는 것일까? 궁금증이 발동하여 노스님을 졸랐다.

"모양이 흉해도 좋으니 스님의 상좌를 꼭 뵙게 해 주십시오."

스님은 한동안 묵묵히 있더니 상좌를 불렀다.

"그럼, 내 상좌를 봐도 놀라지 마시오."

"대공아."

예수님은
법 받은 미륵존여래불

큰 소리로 부르니 갑자기 '어흥' 소리와 함께 커다란 호랑이 한 마리가 나타나 스님 곁에 성큼 앉는 것이 아닌가! 젊은 스님들은 간담이 서늘해져서 몸 둘 바를 몰랐다.

"소공아."

다시 큰 소리로 부르니, 다른 호랑이가 나타나 스님의 다른 쪽 옆에 앉았다.

젊은 스님들은 겨우 놀란 마음을 가다듬고 물었다.

"스님의 상좌들은 어찌해서 모두 호랑이가 되었습니까?"

이에 노스님은 '관세음보살' 할 뿐 더 이상 말이 없었다.

'관세음보살' 하는 그 뜻이 무엇일까?

그 노스님이 제자들을 가르칠 때 관세음보살을 깨쳤더라면, 제자들이 그를 보고 호랑이처럼 무서운 스님이라고 하지는 않았을 것이다. 그러나 그가 관세음보살을 염송하긴 했어도 그 뜻을 깨치지 못했기에, 제자들은 스승을 호랑이처럼 무섭게 여긴 나머지, 호랑이를 그리게 되어 다음 생에 호랑이가 되었다.

행복의 길

◉

행복이란 무엇이며 어디서 오는가?

행복은 부귀영화나 소원성취에 있는 것이 아니라 자신의 마음 속에 있음을 발견하고 자신이 기쁨이며 행복임을 깨쳤던 빅터 한센*의 글입니다.

"오늘은 기쁜 하루가 될 것이다.

---

* 마크 빅터 한센(미국) 『영혼을 위한 닭고기 수프』와 『마음을 열어주는 101가지 이야기』 등 베스트셀러 작가

예수님은
법 받은 미륵존여래불

나는 나 자신이 살아있고 깨어있고 열정적이라는 사실이 기쁘다.

나는 곧 기쁨이다.

나는 하루 종일 모든 방법을 통하여 기쁨을 표한다.

나는 기쁨 속에서 살아가고 또 성장해간다.

미소를 머금은 채 일어날 수 있는 것이 기쁘다.

나의 모든 활동, 특히 내 직업에서 기쁨을 느낀다.

내가 만나는 모든 사람과 내 기쁨을 나눈다.

내가 만나는 모든 사람과 사건을 통하여 기쁨을 느낄 수 있으리
　라 기대한다.

나의 기쁨은 타인의 기쁨을 유도한다.

기쁨은 나의 타고난 권리다.

나는 내 삶 속에서 기쁨을 가꾼다.

'나'라는 존재 자체가 나를 기쁘게 한다.

내가 일으킬 모든 변화가 나를 기쁘게 한다.

나는 기쁨으로 출발해서 기쁨으로 향해 달려간다.

나는 기쁨 속에서 즐거워한다."

그러면 어떤 방법으로 기쁨과 행복을 얻을 수 있나?

달라이 라마는 수도를 통해서만 진정한 행복을 얻는다고 말합
니다.

"마음을 고요하게 하는 내면의 수행이 뒤따르지 아니하는 한, 겉으로 보기에 아무리 편안한 환경 속에서 지내더라도 당신은 자신이 바라는 기쁨과 행복을 결코 느낄 수 없다. 반면에 당신의 내면이 고요하고 평화롭다면 행복에 필요하다고 여겨지는 갖가지 편리함을 누리지 못하더라도 당신은 변함없이 행복하고 즐거울 것이다."

소원성취나 부귀영화가 아닌 오직 수도를 통해서만 기쁨의 세계, 행복의 세계가 나타난다는 것입니다.*

선지식께서는 어떻게 행복이 온다고 말씀하실까?
다음과 같이 생각해 보았습니다.

"사람들은 어떤 경우에 기쁨과 행복이 온다고 생각하나? 소원하던 일이 이루어졌을 때, 다른 이에게 사랑받고 선물을 받을 때 행복이 온다고 생각한다.

이러한 사고방식을 가지고 있는 사람은 행복과 기쁨을 위하여 악전고투해야 한다고 생각한다. 피나는 노력을 해야만 기쁨과 행복을 얻을 수 있다고 생각하며 무엇을 계속 구하려 할 것이다.

———

* 하워드 커틀러 『달라이 라마의 행복론』(김영사, 2001)

예수님은
법 받은 미륵존여래불

사실은 소원이 이루어지고 선물을 받을 때 보다는 마음이 비워지고 부처님이 계실 때 행복이 온다. 그러나 사람들은 이러한 기쁨과 행복의 원리를 모르고 무엇을 받을 때, 또 무엇이 채워질 때 기쁨과 행복이 온다고 생각한다.

어떤 생각이나 분별심이든지 부처님께 바치는 연습을 하는 사람은 기쁨을 창조하는 원리를 안다. 부처님께 바칠 때라야 마음이 비워지며, 분별심이 사라짐에 따라 기쁨과 행복이 온다는 것을 안다. 그래서 올라오는 각종 분별심을 부처님께 바칠 뿐이다.

분별심을 부처님께 바치는 데는 악전고투가 필요하지 않다. 믿음과 공경심만으로 충분하다. 따라서 이들은 피나는 노력을 하지 않고도 오직 분별심을 부처님께 드리는 것만으로 기쁘고 행복한 삶을 살게 된다.

아침에 눈을 뜨면서 '부처님 시봉 잘하기를 발원' 하며 원願을 세워라. 그때 부처님이 우리 마음에 임臨하신다. 낮 동안 올라오는 모든 생각을 부처님께 드려라. 그러면 그 마음에 부처님이 머무신다.

'나는 부처님 시봉하는 사람이다'라고 할 때 부처님이 계시고 부처님의 광명이 임한다. 찬란한 기쁨이 축복을 맛보게 할 것이다.

사람들은 소원을 이루고 부귀영화를 이루면 기쁨이 오고 행복감을 맛보며, 비로소 부처님 믿는 마음을 제대로 낼 수 있다고 생각한다. 그러나 실은 거꾸로다. 마음속에 부처님이 계실 때 기쁨이 오고 행복한 마음이 되며, 이 행복한 마음이 소원성취와 부귀영화를 가져오는 것이다."

이어서 백 박사님의 가르침을 살펴봅니다.

예수님은
법 받은 미륵존여래불

세상의 행복이란
복 지은 결과

지혜가 나는 데 필요한 조건이 있다면, 반드시 몸으로 부처님을 향해 복을 지어야 한다. 복福이란 몸뚱이에 미안함이 없는 것을 말한다. 복 지은 결과는 세상을 대할 때 부드럽게 느껴지는 것으로, 이를테면 재앙이 사라진 상태다.

혜慧란 마음에 미안함이 없는 상태이다. 복과 혜는 몸과 마음의 관계로, 서로 밀접한 연관이 있다. 따라서 마음에 미안함이 없으려면 몸뚱이에 미안함이 없어야 한다.

그러나 이 둘의 성질은 다르다. 복 지은 것은 무상하여 나쁜 인연을 만나면 빼앗길 수도 있으나, 지혜는 영원하여 흔들림이 없다.

무슨 생각이든지 부처님께 바치고 무슨 일이든지 부처님 즐겁게 해드리기 위한 마음으로 한다면, 몸으로는 복을 짓는 것이며 마음은 부드러워져 행복과 평화를 얻게 되고 지혜를 밝힐 수 있다.

행복의 길

　마음을 닦는 목적이 있다면 마음이 평화롭고 행복하며 지혜롭게 되는 것이다.

　마음을 닦는다는 것은 허물을 고쳐 바르게 하는 일이다.

　허물이란 무엇인가? 마음의 평화와 행복을 파괴하고 사람을 아둔하게 만드는 모든 행위를 말한다. 마음 닦는 일은 오직 개과천선改過遷善일 뿐이다. 개과천선이 될 때 참 행복을 느낄 수 있다. 진리는 상식에서 그다지 멀지 않다.

　귀찮은 손님이 찾아오더라도 무조건 먹이고 차비라도 주는 연습을 하여라. 그대 마음은 꿈에라도 줄 생각이 없는 마음이기에, 그 마음을 닦는데 필요한 연습이다. 주는 마음이 습관이 될 때 마음은 평화와 행복, 풍요로 가득하게 된다.

　남이 잘난 척하는 말을 듣기 싫은 것은 바로 그대에게 잘난

예수님은
법 받은 미륵존여래불

척하는 마음이 있기 때문이다. 저 잘난 마음을 닦으면 남이 아무리 잘난 척해도 마음이 동요되지 않는다. 배우는 마음이 습관이 되면 그 사람이 부처님처럼 훌륭해 보인다. 그러면 삶이 매우 즐거워진다.

'고맙습니다' 하는 마음을 일부러라도 연습하여라. 마음에 기쁨이 가득하게 되리라. 마음이란 꿈에도 고맙다고 하는 법이 없기 때문이다.

그러나 사람에게 고맙다고 하면 업보 연습이 되기 쉽고 기쁨이 오래 유지되기 어렵다. 모든 사람(부처님)에게 '고맙습니다' 하면 오래 기쁨이 유지된다.

상대방과 대화할 때 '안 된다'라는 말은 될 수 있는 대로 삼가라.
안 된다고 말해서 피차 마음에 안 되는 것을 그리지 마라.
'네' 또는 '생각해 보겠습니다' 하여라.

무슨 일을 하든지 부처님 기쁘게 해드리겠다는 원을 세워서 하라.
선입견이나 의욕으로 하지 마라.
항상 부처님이 그대와 함께 할 것이다.

자주 짜증이 나면 자신의 공부가 잘못되어 가는 것으로 알라.

몹시 고통스러울 때 '모든 사람이 이러한 고통을 해탈하여 부처님께 환희심 내어 복 많이 짓기를 발원' 하여라. 이 순간, 아상이 소멸하고 마음이 든든해지리라.

죽은 사람은 될 수 있는 대로 생각하지 않는 것이 좋다. 죽은 사람의 기운은 물과 같고 산 사람의 기운은 흙과 같다. 죽은 사람을 자꾸 생각하면 흙이 물에 씻겨 내리는 것과 같아서 기운이 감소한다.

이 몸뚱이가 있는 한, 부모는 절대다. 부모가 자식을 사랑하는 것은 몸뚱이 착의 연장이라 별 도움이 아니 되지만, 자식이 부모를 섬기는 것은 몸뚱이 착을 거스르는 일이어서 공덕이 크다.

마음속 탐진치를 부처님께 잘 바치면 재앙이 소멸되지만, 사람에 따라서는 헌식獻食으로 재앙을 방지하기도 한다.

헌식이란 귀신을 달래기 위하여 식사 전에 밥을 조금 떠서 집안 정갈한 곳에 놓아두는 것이다. 집안에 좋은 일이 있을 때 조상귀신들이 샘을 내는 수가 있다. 이 귀신들은 후손이 잘되는 것을 시샘하여 종종 재앙을 일으키는데, 헌식 공양으로 귀신들의 마음을 가라앉히고 재앙을 방비防備하는 것이다.

예수님은
법 받은 미륵존여래불

물의 성질을 깨쳐라

탐심은 마치 물과 같다. 탐심을 깨치는 것은 물의 성질을 아는 것과 같다.

탐심을 깨치려면 물의 성질을 생각해 보라.

물에 빠졌을 때 허우적거리며 물에서 나오려고 안간힘을 다하여 애쓰면 애쓸수록 더 밑으로 가라앉고, 아예 물속으로 들어갈 양樣相이면 오히려 뜬다. 이 이치를 적용하면 세상에서 곤란을 당할 때 도움이 될 것이다. 이것을 필사즉생必死卽生이라 한다.

또 물을 상대방에게 보내면 오히려 자기 쪽으로 돌아오게 된다. 남에게 물질이든 마음이든 베풀어라. 반드시 복이 되어 다시 돌아오리라.

부자의 마음

물건을 절제하라. 절제하는 마음은 부자가 되는 길이다.

우리의 인생이란, 영생으로 가는 길거리에서 하룻밤 여관에 든 것과 같다. 그러나 임시로 들었다 생각하지 말고 곡식이 필요하면 곡식을 심고 추수해서 알뜰하게 살되, 뒤에 오는 이를 위하여 갈무리도 하고 깨끗이 청소도 해 두는 것이 좋다.

6·25전쟁 때 실제로 그런 일을 구경했다. 피난 가다가 어떤 집에 들어가 보면, 미처 가져가지 못한 음식이나 양식이 남아 있기도 하였다. 혹시 뒤에 올지도 모르는 피난민을 위해서 깨끗하게 남기고 떠난 것이다. 이 마음은 무주상 보시와 같은 마음이다. 이런 연습을 하는 사람의 앞날은 분명히 풍요롭고 밝을 것이다.

예전에 어떤 도인은 목이 말라 애타게 물을 구하여 먹고, 남은 물을 그냥 확 버리지 않고 '목마른 사람 먹어라' 하며 고이 버렸다고 한다. 이 또한 무주상 보시의 마음과 같다. 다시는 목마

예수님은
법 받은 미륵존여래불

른 보報를 받지 않음은 물론, 그 사람의 앞날 역시 풍요롭고 밝을 것이다.

그러나 달게 마시고 남은 물을 여지없이 확 쏟아버리는 마음은 어떨까? 또 자신들이 먹고 남은 것은 모두 싸서 짊어지고 갈 뿐 아니라, 다 못 가지고 갈 것은 불을 지르거나 심지어는 남이 못 먹게 거기에 똥을 누고 가는 사람들은 어떻게 될까? 이런 마음씨가 사람들을 고생하게 하는 것이다. 이런 사람은 설사 물질을 많이 베풀더라도 고생과 가난을 면하기 어려우리라.

사회 봉사활동하는 마음

　나에게는 세상을 제도하겠다고 나선 젊은이들이 많이 찾아온다. 그들은 '불쌍한 사람들을 돕겠다, 사회를 정화해 보겠다, 봉사하겠다'라고 한다. 나는 그들에게 말한다.

　그들을 불쌍하게 보는가? 그들이 불쌍하다는 생각은 선입견이다. 선입견을 부처님께 바쳐라.

　그들을 돕고 싶은가? 그 생각 또한 부처님께 바쳐라.

　부처님께 바치면 마음이 안정되고 부처님께서 제시한 응답을 얻을 수도 있으리라. 선입견에 따라 행동하지 말고, 그 응답에 따라 행동하라.

　그대의 정도를 모르고 그런 일을 한다고 나서지 말라. 그대의 능력이 부족하다면 사회에 이익을 끼치기는커녕 오히려 폐만 끼칠 것이다.

　그대가 불쌍한 사람들을 돕는다고 하면, 마음에 그런 사람들을 그리게 되어 그대 자신이 그들처럼 될 염려가 있다. 어리석

예수님은
법 받은 미륵존여래불

은 사람들을 교화한다고 하면서 그대 자신이 어리석게 되는 것이다. 도둑 소굴에 들어가 그들을 교화한다고 산으로 올라간 스님이 삼 년만 되면 그들과 함께 도둑질하러 마을에 내려온다는 이야기도 있다.

사회사업을 하고자 하는 사람은 부처님을 즐겁게 해 드리기 위해서 한다고 원을 세울 뿐, 내가 사회사업 한다고 생각하지 말라.

일은 부처님이 하시는 것이요, 사람이 하는 것이 아니다.

외로움에 감사하라

내 밑에서 공부하는 한 청년이 물었다.

"몇 년 전 친구가 다니는 학교 기숙사에 놀러 갔다가 친구의 선생님을 만났습니다. 간단한 인사말을 나누고 헤어진 짧은 만남이었는데, 이상하게도 그분의 인상이 마음 깊이 새겨져 수년 동안 잊히지 않았습니다.

요사이 선생님 밑에서 수도하며 그런 생각이 일어나지 않게는 되었습니다. 그러나 지금도 기이한 것은, 이성도 아닌 같은 남자끼리 어떻게 한 번 보고 그처럼 잠 못 이루도록 그리워질 수가 있느냐는 것입니다."

"내가 금강산에 있을 때도 그와 유사한 예가 있었다. 장안사에 법문하러 갔는데, 당시 대중에 이십 대 젊은이와 사십 대 부인이 우연히 함께 자리하게 되었다. 처음 만나는 순간부터 둘은 그만 서로에게 미쳐 상대를 칭찬하기에 정신이 없었다.

그 광경이 하도 이상스러워 원인을 살펴보니, 사십 대 부인

예수님은
법 받은 미륵존여래불

네와 이십 대 젊은이는 전생에 부자지간이었다. 생활이 매우 궁핍하여, 전생에 아버지였던 부인이 아들이었던 젊은이를 데리고 이 절 저 절 얻어먹으며 떠돌아다녔다. 그러다가 아버지는 생활 기반을 잡으려고 아들을 어느 절에 맡겨 놓고 먼 곳으로 떠났다.

아버지는 절에 맡겨 둔 아들을 잊을 수 없었고, 어린 아들 역시 아버지를 그리며 지냈다. 이들은 서로 다시 만나지 못한 채 세상을 떠났고, 금생에 장안사 법회에서 비로소 만난 것이었다. 전생의 일을 기억하지는 못해도 서로 그리던 마음은 교감하여, 처음 보는 순간부터 애끓는 감정이 일어난 것이다."

이런 종류의 애끓는 감정은 모두 전생의 원인이 있어서 일어나는 현상이다. 지금 그대는 그런 감정을 다 잊었다고 하나, 아직도 감정의 뿌리가 남아 있다.

지금이라도 그 애끓는 마음이 발견된 것에 감사하라. 그리고 힘써 그 마음을 찾아서라도 부처님께 바쳐라.

그 마음의 뿌리가 없어지지 아니하는 한, 우울한 마음이 수시로 솟아나 그대를 끝없는 괴로움의 길로 유도할 것이다. 반대로 지금 그 마음을 잘 바쳐 애끓는 그리움의 뿌리를 해탈하게 된다면, 앞으로 밝고 행복한 세상을 살게 될 것이다.

보시바라밀,
주는 마음의 완성

신입 사원이 첫 봉급을 받으면 대체로 감사한다. 그러나 시간이 흐르며 아상이라는 놈은 끊임없이 저 잘난 생각으로 불만을 품게 되고, 점차 직장의 잘못된 점만 찾아 불평하게 된다. 이런 마음이 지속되면, 그 마음은 직장을 벗어나지 못하고 오히려 직장에 얽매이게 된다. 불평하면서도 직장에서 내몰리지나 않을까 더욱 두려워진다. 마치 누에가 실을 토해 고치를 만들다가 그 속에 갇혀 꼼짝 못 하게 되듯이….

마음 닦는 사람은 어떻게 해야 하나?

봉급을 받으며 항상 감사하고, 봉급의 세 배를 벌어 주려는 마음을 항상 유지하여야 한다. 상사가 시키는 일에 "네" 하거나, 힘들더라도 "생각해 보죠" 하여라. "아니" 하지 말라. 그러면 반드시 회사를 크게 발전시킬 수 있는 지혜와 돈을 만들 수 있는 아이디어가 샘솟듯이 나올 것이다. 이런 사람은 직장에서 꼭 필요한 존재가 됨은 물론, 결국 최고의 자리에 오르고 드디어 사

예수님은
법 받은 미륵존여래불

막에서 기둥을 세울 수 있는 큰 기업인으로 발전할 것이다.

봉급의 세 배를 버는 마음을 연습함으로써 주는 마음을 완성하는 것을 보시바라밀이라 한다. 물론 장래에 어떻게 사나 하는 걱정도 해결된다.

시시각각 소원성취,
시시각각 불만

　마음에 그리면 그리는 대로 무엇이든 이루어진다. 사람들은 시시각각으로 소원을 그리기에 시시각각 소원을 성취하지만, 한편으로는 시시각각 탐진치를 마음에 그리기에 시시각각 불만이 생긴다. 누구나 시시각각 소원성취하면서도 시시각각 불만이다.

　탐심 진심 치심을 내지 말고, 순수하게 부처님 기쁘게 해드리기 위하여 마음을 내어라. 이 이치를 알면 항상 행복한 삶을 창조할 수 있다.

예수님은
법 받은 미륵존여래불

뜻을 이루는 길 1

뜻하는 바를 이루려고 할 때 대개는 '어렵다, 안 된다'라는 생각이 든다. 그러나 마음에 '어렵다, 안 된다'라는 생각이 있는 한, 뜻을 성취하기 어렵다.

그 뜻하는 바를 이루려면 어떻게 하나?

'어렵다, 안 된다'라는 마음을 부처님께 바쳐야 한다. 그 생각을 부처님께 바치다 보면 언제인가 어렵다는 생각, 안 된다는 생각이 다 소멸되는 때가 오고 자신감이 넘쳐흐르게 된다. 자신감이 넘쳐흐른다는 것은 탐진치가 소멸되고 부처님 광명이 임했다는 뜻이다. 자신감이 넘쳐흐를 때, 이미 뜻하는 바를 다 이루었다고 해도 좋다.

고인古人은 이런 말을 했다.

"마음속에 어렵다는 생각이 사라지면, 어렵다고 느낀 현실이 이미 매우 쉽게 바뀐 것을 알 수 있다. 마치 흙으로 만든 항

아리가 매우 단단해 보여도 물에 넣으면 힘없이 사그라지는 것
과 같다. 어렵다는 생각이 사라지면 어려울 일 또한 사라지리
라."

예수님은
법 받은 미륵존여래불

뜻을 이루는 길 2

이 우주는 모든 것을 다 갖추고 있다. 사람들이 구하는 것은 다 충족될 수 있다.

하지만 구해도 안 되는 이유는 무엇일까?

마음에 '안 된다'라는 진심瞋心이 있기 때문이다. 안 된다고 하는 진심만 없다면, 진실한 일은 다 되어진다. 진실한 일이란 이기적이 아닌 일, 부처님 시봉하는 일을 말한다.

정미소를 하는 집의 아들이 내 밑에서 공부하고 있었다. 정미소 종업원들이 허약한 자신을 늘 무시하니 이들을 다루기 위해서도 쌀 한 섬은 번쩍 들어야 하는데, 그것이 가능한지 물었다. 주인 아들인 젊은이가 종업원을 다루기 위해 쌀가마를 드는 일은 꼭 필요한 일이고 진실한 일이라 할 수 있다. 그래서 그에게 말하였다.

"안 된다는 생각만 없으면 진실한 일은 다 된다."

가만히 보니 그의 마음에는 내 몸은 약하니 그런 일은 절대로 할 수 없다는 생각이 숨어있었다. 그 생각을 해탈시키기 위해서 나는 그에게 일렀다.

"늘 다니는 길목에 쌀 한 섬을 갖다 놓고, 그 곁을 지날 때마다 저건 내가 못 든다는 생각을 부처님께 바쳐라."

그리고 한 백여 일 지났을까, 그 젊은이는 어느 날 문득 쌀 한 섬이 우습게 보이더니 그냥 번쩍 들 수 있었다.

이기적이 아닌 일을 하되 '어렵다, 안 된다'라는 생각만 없으면 천하에 못 이룰 일이 없으리라.

예수님은
법 받은 미륵존여래불

나는 부처님 시봉하는 사람

어느 가을밤, 소사 수도장에서 열심히 수도하던 젊은이가 산책하다가 그만 독사에 물렸다. 병원에서 응급처치를 받고 며칠 입원했는데, 차츰 다리가 부어오르자 죽음에 대한 두려움이 생기며 마음이 흔들렸다.

'올라오는 생각을 부처님께 잘 바치면 독사에게 물리는 재앙을 당하지 않았을 것인데, 올라오는 모든 생각을 잘 바쳤는데도 재앙을 당한 것을 보면 부처님께 바치는 것이 무슨 효과가 있겠는가?'

그는 낙심하여 나에게 질문하였다.

"이런 경우에 어떻게 해야 합니까?"

"자신은 무엇을 하는 사람인지 자문자답해보아라. 항상 무슨 생각이든지 부처님께 바치라고 하지 않았느냐. '내가 무엇 하는 사람인가?'라고 스스로 물어서 '나는 부처님 시봉하는 사람이다'라는 대답이 나올 수 있도록 무슨 생각이든지 부처님께 바쳐야 한다.

　잘 바쳤다면 그런 재앙이 있을 리가 없겠지만, 설사 재앙을 당하더라도 재앙의 원인을 알 수 있게 된다. 그런데 그대는 잘 바쳤는데도 그런 재앙이 생겼으니 더 바칠 힘이 없다고 생각하는 것이다.

　위급한 경우일수록 더욱 힘써 바쳐라. 여하한 순간에도 '나는 부처님 시봉하는 사람'이라는 대답이 나오도록 잘 바친다면 모든 걱정 근심은 사라지리라."

　자신이 부처님 시봉하는 사람이라고 믿을 때 부처님께서 함께하신다. 그리고 모든 재난에서 해방될 수 있다.

예수님은
법 받은 미륵존여래불

무소설無所說

무소설無所說이란 '아무 할 말이 없다'라는 뜻으로, 금강경 13분에 나오는 부처님의 말씀입니다. 이 세상에서 아무 할 말이 없으신 분은 오직 한 사람, 부처님밖에 없을 것입니다. 부처님은 마음속의 모든 한이나 분별심이 사라졌기 때문입니다.

부처님이나 깨달은 도인을 제외하고는 누구나 할 말이 적지 않습니다. 한이 맺혀서 하고 싶은 말, 남을 가르치려는 말, 자신을 과시하려는 말 등, 사람들은 대부분 저마다 할 말이 많습니다. 할 말이 가득 찬 사람은 남의 이야기를 듣기 어렵습니다. 자비심을 내기도, 남을 배려하는 마음을 내기도 어렵습니다.

부처님 같이 아무 하실 말씀이 없으신 분이야말로 남의 이야기를 경청할 수 있으며, 따라서 자비심을 낼 수 있습니다. 경청할 수 있고 배려할 수 있기에 상대에 알맞은 설법, 즉 수기설법이 가능합니다.

부처님께서는 고통을 심각하게 느끼는 사람들에게는 아함부의 경전을 법문하셨고 마음속에 한을 품은 사람들에게는 모든 것이 인과응보라는 방등부의 경전으로 법문하셨습니다. 부자들이 오면 탐욕을 버리게 하여 신심발심하게 하시고 거지 마음의 탕자가 오면 복을 짓도록 다독거려 밝아지게 하셨습니다. 이것이 참 깨달은 분 또는 부처님 법문의 특징이요, 진정한 수기설법입니다.

수기설법을 하는 참 깨달은 분을 어디서 발견할 수 있을까?

고심하다가 40여 년 전에 선지식께서 인터뷰한 글이 생각났습니다. 이 글을 읽으신다면 수기설법이 어떤 것인지 실감하실 것입니다.

"백 박사께서 어떻게 여기까지 오셨습니까?"

"쫓겨서 왔지."

초인종도 없는 대문을 열고 불쑥 들어서니, 벌써 인기척을 알아챘는지 후리후리한 백성욱 박사가 우뚝 현관에 서 있었다. 방으로 안내하면서 쫓겨 왔다는 말을 서슴지 않는다. 방이라야 장치도 없

예수님은
법 받은 미륵존여래불

이 꾸며진 두 칸짜리인데 눈에 띄는 세간도 없고 장판도 윤기 없이 생긴 시골 사랑방 그것이었다.

"학교서만 쫓겨 왔나. 서울서 쫓겨 왔고 예전엔 금강산에서도 쫓겨났었지."

묻지 않는 대답이 되었다. 퍽 구수한 대면에 왕년의 기백이 쇠진된 것도 같았으나 정다워서 좋았다. 그러나 양미간에 솟은 혹은 여전히 백호상의 특징을 유지하고, 유난히 빛나는 눈의 광채는 30년의 금강산 수도를 상기시켜주는 듯도 했다.

"여기서 농사를 짓지. 그것도 삼모작을 해."

여기란 곳이 바로 지금 백 박사가 우거하고 있는 잡초 우거진 산비탈이다. 소사읍을 채 못 가서 왼쪽으로 갈림길을 따라 5 마장쯤 시골길을 들어서면 길가 바른쪽에 위치한 산언덕이다. 소사 1구 산66. 백성목장이란 간판까지 걸려 있었다.

"농장이라고 하셨는데 무엇을 하는 농장이죠?"

"농사짓는 게 농장이지. 강냉이를 이모작하고 그다음에 호밀을 심어. 그리고 '포플러'도 심었지. 한 5천 그루쯤 되겠지."

백 박사가 이곳에 정착한 지 6년. 쫓겨 왔다는 설명으로 미루어 농장을 해보겠다는 왕년의 설계는 전연 없었던 것으로 해석되었다.

"6년 전에 헐값으로 산 땅이니 이제 큰돈을 버신 셈인데."

농장 면적이 3만 평가량 된다기에 물어본 것이다.

"돈을 벌어? 그렇지. 땅값이 올랐으니까. 그러나 다른 곳에 가서 이만한 땅을 다시 사려면 거기는 안 올랐나. 자네는 수학을 몰라. 수학을…"

이때까지는 호칭 없이 그대로 이야기가 잘 이어가더니 드디어 '자네'란 호칭이 튀어나왔다. 왕년의 기백(?)이 되살아난 셈이다. 그는 누구에게나 첫인사 다음에는 '너'로 통하는 모양인데 '자네'로 불러준다.

1950년 2월.

백성욱 씨가 돌연 내무부 장관 발령을 받았다. 그때 그다지 이름이 알려지지 않은 그였지만, 그가 금강산에서 다년간 입산수도했던 승려라는 것만은 세상 사람들이 알고 있었다. 제4대 내무부 장관으로 중을 시킨다니 하고 모두들 그를 염불삼매로 생각했다. 그런데 일단 내무부 장관의 의자에서 첫 기자회견을 할 때 모두들 놀라 자빠질 지경이었다. 그를 중으로 생각했던 것이 어디론가 사라져버리고, '비범한 사람'이란 말이 기자들의 입에서 저절로 튀어나오고 말았다.

장관 자리에 앉은 그의 그 후가 더욱 대단했다. 당시 국회에서는 정부의 형태를 내각책임제로 만들려는 기운이 싹텄었다. 이것을 막아낸 것이 바로 백성욱 내무부 장관(1950년 2월~7월)이다. 그는

예수님은
법 받은 미륵존여래불

그때를 다음과 같이 회상했다.

"하루는 이 박사(이승만 대통령)가 부르더군. 독립운동을 했대서 이따금씩 부르는데 왜 또 부르나 하고 가보았더니 이 박사가 내각책임제가 어떠냐고 묻더군. 그래서 내각책임제 못 쓴다고 했더니, 왜 그러냐고 또 묻기에 "거지 노릇을 하다가 겨우 제집 하나 만들었는데 내각책임제를 하다니요. 이 가난한 집안에서는 현재와 같이 대통령 책임제로 해야 합니다. 내각책임제를 해서 이 사람 저 사람에게 감투만 많이 씌우면 제멋대로 먹어댈 테니 그것을 무엇으로 당하죠?" 하니 이 박사는 고개를 끄덕이며 "그러면 어떻게 하나?" 하고 걱정을 해. 그래서 못하게 하면 된다고 했지.

그랬더니 이튿날 나더러 내무부 장관을 하란다고 총무처장이 왔어. 그 사람 말이 "이 박사가 하라고 하시는데 백 박사는 안 하시겠죠" 하잖아. 그때 내 말이 "않기는 왜 안 해. 이 박사가 하라는데 안 해?" 하니까 의아한 눈치를 하더군."

너털웃음은 아니나 대단히 유쾌한 얼굴을 짓는다.

"그러니까 내각책임제를 막아내란 특명이군요."

"자네도 정치를 아는군. 그래서 해치웠지."

조금도 서슴지 않는다.

"내가 해낸 것을 말할까. 그래 하지."

백 박사는 73세의 고령을 연상할 수 없을 정도로 얼굴에 홍조까지 띠며 두 손을 휘젓는다. 정정하다기에는 너무나 건강하고 활기 있고 박력에 찼다.

민국당에서 내각책임제 개헌안을 국회에 상정시켰을 때다. 이것을 막기 위해 그는 곧 자기의 복안을 이 박사에게 털어놓고 일을 시작했다고 한다.

"경무대 경찰을 모두 무장시켰다고 소문을 쫙 퍼뜨렸다지. 그랬더니 이 소문이 쫙 퍼지지 않겠어. 소문을 퍼뜨리라고 한 거야. 이 소문을 들은 국회의원인가 하는 친구들, 속도 없이 경무대로 이 박사한테 달려간 모양이야. '백성욱이가 내란을 일으킨다고 하니 가만둘 수가 있습니까' 하고 탄원을 했으렷다. 그 말을 들은 이 박사는 벌써 나하고 이야기가 끝난 뒤라, '그래, 나는 배가 고프니 점심 좀 먹어야겠으니 돌아가서 밥이나들 먹지' 하고 자리를 뜨니 자기들이 어쩌겠어. 멍하니 자리만 지키다가 갈 밖에."

"어떻게 하시려고 그랬어요."

"어떡하기는 뭘 어떻게 해. 위협이지. 만약 저의 맘대로 통과시키면 뭘 해. 정부 측에서 그 개헌안이 통과됐습니다고 내무장관이 국민에게 공포를 해야 해. 공포 않으면 그만이지. 공포를 안 하나, 하기야 하겠지. '국회에서 통과된 것은 무효입니다'라고 하겠지."

"왜 무효예요."

"자네는 아직 그런 것은 모를 거야. 왜 무효야. 몇몇 놈들한테 국

예수님은
법 받은 미륵존여래불

회의원들이 매수를 당해서 한 짓이니 무효라고 하지."

"그 증거를 어떻게 하려고요."

"증거? 그래 증거를 조사하는 것이 내무 장관 아니야. 그러니 증거를 조사하기 위해서 국회의원들을 한군데 모셔 오면 되잖아."

이 설명을 들으니 그의 말의 전후가 맞는 듯하다.

"그럼 그게 뭡니까."

"뭐가 뭐야. 정치라는 것은 도둑질이야. 그것 모르지…."

이야기가 이쯤 되면 다시 반문할 여지가 없다.

"몇몇 친구들이 왔기에 이런 설명을 해주고 그날 국회에 나가 봤지. 그랬더니 자기들끼리 부결됐다고 땅땅 치더군."

지난 이야기지만 들어보니 대단한 설계(?)였다.

"그게 잘되는 겁니까?"라고 되묻지 않을 수 없는 심경이었다.

"안 되기는 뭐가 안 돼. 나라 망하는 것보다는 낫지."

애국론을 들고나오는 데는 풀이 꺾일 지경이다. 그는 말을 잇는다.

"부산 피난 가서는 어땠는데…. 이 박사를 직접선거(그는 보선이라고 불렀음)를 해야겠는데 말을 들을 것 같지가 않아. 그래서 몇몇 친구하고 의논했더니 그렇게 해주는 대신 다음 국회의원에 꼭 당선시켜 줄 것과 한 사람 앞에 1억 원씩 달라는 게 아니야. 국회의원으로 밀어주는 것은 아무것도 아니나, 돈 1억 원을 달라니 되기나

한 말이야. 그래서 그 요구를 물리치고 그대로 해버렸지."

그저 모든 것이 간단하기만 하다. 그저 해치우려 하면 되는 모양이다(물론 당시는 내무장관이 아니었는데도).

"그것은 잘되었는데 그다음 직선을 내놓고 나니 이 박사 자신의 체면상 내가 다시 대통령을 하겠노라고 하기가 안 되었던 모양이야. 내가 이 박사한테 가서 이 문제를 의논하니 잘해 보란 거야. 그러고 나서 이 박사가 갑자기 밖으로 나가자고 해. 이 노인 또 무엇을 하려고 나가자고 하나 하고 따라 나갔더니, 마당으로 나가잖아. 마당 한가운데에 떡 서더니 벼락같은 소리로 '그러려면 나한테 왜 왔어' 하고 집안이 떠나가라고 소리 지르는 게 아니야. 그 고함소리가 나니 경비하던 경찰관은 물론 다른 사람들도 모두 몰려와서 어찌 된 영문인가 의아하게 바라보고들 있었지. 그때 나는 알아챘지. 이 꼴을 저 사람들한테 보이려는 속셈이구나 하고⋯. 그다음 나와 이 박사와 사이가 벌어졌다는 소문이 돌고⋯ 이 박사는 그 소문을 노린 거야. 그때 의논한 게 무엇이냐고. 응, 그것은 이 박사더러는 자꾸만 대통령 하지 않겠다고만 하라고 그랬지. 그래 놓고 내가 할 일은 응⋯ 그것은 백성들은 자꾸만 이 박사가 대통령을 다시 해야 한다고 소리를 지르면 되는 거지 뭐⋯."

이것이 바로 대통령 연임 개헌안 파동을 설명하는 대목이었다.

듣다 보니 흥이 나서 직선적으로 물었다.

예수님은
법 받은 미륵존여래불

"그러면 백골단인가 딱벌떼인가 아닙니까."

"아, 딱벌떼는 딴사람이 한 것이고 백골단은 왜 백골단이야. 백성들의 고함 소리지…."

게다가 이 어마어마한 사건의 주인공이 바로 자기였다고 대수롭지 않게 고백한다. 용기도 용기려니와 생각하면 지략의 권화같이 느껴진다. 저런 이가 심각하게 일을 꾸미면 어떤 사태가 될까 할 정도로.

세상에서 그가 점을 잘 친다고들 한다. 그래서 물었다.

"백 박사께서 6·25 되던 해 남북통일이 된다고 하셨는데 그것은 점을 치신 건가요."

"점? 아니야. 내가 그 말 했지. 그때 보도연맹인가 있었어. 그 사람들이 서울 운동장에 모인 다음 말을 한마디 하라고 해서 금년에는 남북통일이 된다고 했지."

"무슨 근거가 있었나요?"

"근거는 무슨 근거? 남북통일 될 테니 아무 소리 말고 가만히 있으라고 한 말이야."

이 말끝에 마침 잘됐다고, 앞으로의 통일문제를 물어볼 수가 있었다.

"이것은 점이 아니고 전략인데…" 하면서 자세를 고친다.

"이런 전략을 말해도 될까?" 농담인지 진담인지 모를 표현이다.

백두산의 관모봉 줄기가 내려오다 강원도 이천伊川서 끝어졌다는 것이다. 여기를 기점으로 하면 황해도 금천金川이 여기서 90리요, 경기도 연천이 90리요, 철원이 90리이니 이 지역을 연결하는 삼각 선을 그어서 그곳으로 군대를 보내면 된다는 것이다. 기상천외(?)의 발상이다. 휴전선을 건드리면 전쟁이 되니까 그것은 건드리지 말고 그대로 건너뛰란 것이다. 무슨 말인지 알아듣기 힘 드는 일이라 의아했더니 전략이라 모를 게란 것이다.

"군대 이야기가 나왔으니 말이지, 월남파병 않았으면 큰일 날 뻔 했어. 군대는 자꾸 써야 녹이 안 스는 거야."

파병 하지 않았으면 군대가 녹이 슬었을 거라는 판단이었다.

파병이 나온 김에 현 정권을 물었더니,

"그 사람들 참 일 잘해. 누가 이만큼 하겠나? 3선(?), 글쎄 박정희 씨보다 잘하는 사람이 있다면 모르지만… 자기야 하겠다고는 않겠지. 그러나 하던 일은 해야지… 잘들 해 잘들 해…."

작별 인사를 하려고 언뜻 뒤를 바라보니 대문에 문패 대신 應作如是觀(응작여시관)이라고 써 붙였다. 금강경의 마지막에 나오는 말이다. 정신을 낭비하지 말라는 뜻이라고 주석해 주셨다.

사탕, 소주, 담배만 빼놓고 생필품을 자급자족한다는 백성목장은 더욱 푸르러 보였다.

— 이동현 기자

예수님은
법 받은 미륵존여래불

이상의 글은 1968년 주간중앙 제2호에 실린 글로서 백 박사님과 중앙일보 이동현 기자와의 대담을 옮겨 적은 것입니다.

금강산 수도인이 세상에서도 통하는 말을 하는 것을 보며 수기설법이 어떠한가를 실감할 수 있을 것입니다. 산속에서 오직 수도에만 전념하던 분이지만 정치인을 만났을 때는 정치인에 맞는 이야기를 할 수 있고, 기자를 만나면 기자에게 맞는 이야기를 하며, 아무 희망이 없던 보도연맹 사람들에게 그 분위기에 맞추어 위로해줄 수 있는 사람이라면 이분은 수도하는 사람이라 할 수 없을 것이요, 아마도 텅 빈 사람이라 해야 할 것입니다. 마치 거울은 자신의 주장이 없고 사물이 나타날 때 비추기만 하듯이, 분별심 없이 대상을 비추는 분이라 할 것입니다. 아무 하실 말씀이 없는 분이요, 무소설의 심경이 된 분이니 이런 분이야말로 참 깨친 이라 할 것입니다.

다음은 무소설에 관한 백 박사님의 말씀입니다.

탕자가 돌아오다

　석가여래가 이 세상의 모든 것을 아시듯 우리 마음속에도 이 세상의 모든 것을 다 아는 능력이 갖추어져 있다.

　그런데 어째서 모르게 되었는가?

　우리는 본래 석가여래와 똑같이 이 세상의 모든 이치를 다 아는 능력이 있건만, 언제인가부터 부처님을 등지고 애욕에 물든 삶을 살다 보니 부처님과 같은 능력을 상실하고 무지와 고통 속에서 살게 되었다. 마치 법화경에서 가섭존자가 말하는 비유와도 같다. 가섭존자는 부처님을 큰 부자인 장자로, 중생은 장자의 아들로 비유하여 다음과 같이 이야기한다.

　어떤 사람이 어릴 때 아버지를 버리고 도망하여 다른 나라에서 산 지 50여 년. 점점 늙어 더욱 궁하고 가난해져서 여기저기 돌아다니며 의식衣食을 구하다가 우연히 본국으로 돌아오게 되었습니다. 아들을 찾지 못하고 성에 머무르던 아

버지는 아주 넉넉해서 재물과 보배가 그득하였고 시종과 일
꾼들이 많았습니다. 아들은 시골과 도시를 거쳐서 마침내
아버지가 계시는 성에 머물게 되었습니다.

아버지를 버리고 달아난 자식이란 무엇을 말하는가?
본래 가지고 있던 부처님처럼 다 아는 능력을 잃어버린 채,
탐내고 성내고 어리석은 짓을 하며 수많은 고통을 받는 중생을
말한다.
아버지가 계시는 성에 머물게 되었다는 것은 무엇을 말하는가?
고통을 받던 그대와 같은 사람들이 선지식을 만나고 금강경
의 가르침을 만났다는 것과 같다.

아버지는 "재물과 진귀한 보배가 창고에 가득하나, 물려
줄 자식이 없으니 내가 죽으면 재물은 하루아침에 흩어지고
말 것이다" 하며 은근히 아들을 그리워했습니다. 그때 아들
이 품팔이로 돌아다니다가 우연히 집 대문 곁에 서서 멀리
바라보았습니다.

장자는 아들을 곧 알아보고 곁에 있는 사람을 보내어
급히 데려오게 하였습니다. 명을 받은 사람이 쫓아가서 잡
으니, 아들은 매우 놀라 "나는 조금도 죄가 없는데 어째서
잡으려는 것입니까?"라고 부르짖었습니다. 심부름꾼은 그를
붙들기가 급하므로 더욱 강제로 끌고 돌아왔습니다.

아들은 스스로 생각하기를 반드시 죽게 될 것 같아 겁을 먹고 기절했습니다. 아버지는 멀리서 이를 보고 심부름꾼에게 말했습니다. "그 사람을 쓰지 아니할 것이니 강제로 끌어오지 말라. 얼굴에 찬물을 뿌려 깨어나게 하고 다시 말하지 말라" 하였습니다. 왜냐하면 아버지는 아들의 마음이 얕고 졸렬함을 알았고 또 자신의 부유함이 아들의 마음을 놀라게 한 것임을 잘 알았기 때문입니다.

장자는 아들을 데려다 모든 재산을 물려주려고 하였으나 열등감에 찌든 아들은 자기가 상속자임을 알지 못한 채 놀라고 두려워한다.

마찬가지이다. 모든 번뇌는 착각일 뿐 본래는 없는 것이다. 근심 걱정 또한 본래 없는 것이다. 그러나 근심 걱정이 본래 없다고 하면 사람들이 쉽게 믿겠는가? 마치 이 탕자가 자기 아버지를 아버지라 하여도 잘 믿지 아니하듯, 그대들도 오랫동안 근심 걱정과 하나가 되었기에 근심 걱정이 본래 없다는 말을 잘 믿지 아니한다. 그래서 나는 혜능 대사의 돈오법이 아니라 단계적으로 부처님께 접근해 가는 방법을 택한 것이다.

"나는 부처님 시봉하는 사람이라고 선언하면서 궁리를 부처님께 하나하나 낱낱이 바쳐라. 그래도 잘 아니 되면 몸뚱이로 부처님 전에 복 지으라. 마치 옥수수 껍질을 하나하나 벗기는 것처럼 공부하여라."

그래서 다른 사람에게는 그가 내 아들이라 말하지 않고, 얼굴빛이 초췌하고 덕이 없는 자 두 사람을 비밀히 보내어 시켰습니다.

"아들에게 조심스럽게 말하라. 여기 일할 곳이 있으니 품삯은 배로 주리라 하여 그가 허락하거든 데려다가 일을 시켜라. 만약 무엇을 시키느냐 묻거든, 우리와 함께 똥거름을 친다고 하여라."

그리고 여러 일꾼이 보는 앞에서 말하였습니다.

"너는 항상 여기서만 일하고 다른 곳에는 가지 마라. 너에겐 품삯을 더 주리라. 소용되는 모든 물건에 조금도 어려운 생각을 하지 말라. 스스로 마음을 편히 가져서 나를 네 아버지와 같이 생각하고 걱정하지 말라. 어째서 그러냐 하면, 나는 늙고 너는 젊은데 네가 일할 때는 다른 일꾼처럼 속이거나 원망하는 말이 없구나. 그래서 이다음부터는 친아들과 같이 하리라."

장자는 그 자리에서 아들의 이름을 다시 지어주면서 그를 아들이라고 하였습니다.

장자는 열등감에 휩싸인 아들에게 이름을 지어주고 자신과 친하게 만들어 차츰 아버지라고 생각하게 하였다.

이처럼 그대들은 무슨 생각이든지 부처님께 바치는 공부를 통해서, 무시겁 먼 옛날부터 시작된 열등감에서 차츰 벗어나 부처님을 실감하며 선지식의 말을 믿고 친해지게 되는 것이다.

아들은 이러한 대우를 기뻐하기는 하였으나, 아직도 그 자신은 객으로 온 천한 사람이라고 생각했습니다. 이런 연유로 20년을 두고 늘 똥거름을 치고는, 마음에 믿고 친해져서 출입은 어렵지 않게 했으나, 그가 머무르는 곳은 아직도 본래 있던 곳이었습니다.

그때 장자는 병들어 오래지 않아 죽을 것을 알고 아들을 불러 이렇게 말했습니다.

"나에게는 많은 금은과 진귀한 보배가 있어 창고에 가득 찼으니, 그중에 많고 적음을 네가 다 알아서 가지라. 내 마음이 이와 같으니 이 뜻을 알아서 처리하라. 왜냐하면 지금 나는 너와 다르지 아니하니 주의하여 빠져나감이 없도록 할 것이다."

아버지는 잘 믿지 못하는 아들에게 전 재산을 물려주며 아버지라고 인정하게 한다. 그대들도 선지식을 모시고 금강경을 공부하면 반드시 부처님이 아시듯 다 알게 된다.

이제 열등감을 훌훌 벗어던져라.
틀림없이 다 되니 아무 근심 걱정하지 말라.

예수님은
법 받은 미륵존여래불

무소설 無所說

부처님께서 팔만 사천이나 되는 많은 법문을 설하셨다지만 그것은 다 부처님 말씀이 아니요, 중생의 번뇌였다. 부처님께서는 아무 하실 말씀이 없으시다. 오직 한마디 '나는 밝은 빛이다'라는 정도일까?

지금까지 그대들에게 이런저런 이야기를 많이 해 왔다. 그러나 이것이 내 이야기가 아니다. 나 또한 아무 할 말이 없다. 따라서 지금까지의 이야기는 내 이야기가 아니라 그시時 그시時에 그대들이 밝아지는데 필요한 그대들의 분별심이다.

그러니 이 이야기 또한 가지지 말고 부처님께 바쳐라.

예수님은
법 받은 미륵존여래불

초판 1쇄 발행일 | 2007년 5월 24일
개정판 1쇄 발행일 | 2023년 1월 3일

저자 | 김원수

발행처 | 도서출판 바른법연구원
주소 | 서울시 마포구 망원로 10길 21
등록번호 | 540-90-01473
등록일자 | 2020년 9월 1일
전화번호 | 02-337-1636
네이버 카페(백성욱박사 교육문화재단) | https://cafe.naver.com/buddhaland
유튜브 | https://www.youtube.com 백성욱박사 교육문화재단

ⓒ 2023, 김원수

ISBN 979-11-974426-6-7 03220

값 21,000원